Hohenheim

Begegnungen in Mittel- und Osteuropa

Junge deutschsprachige Autoren schildern ihre Eindrücke

Mit einem Vorwort von Hans Maier

Herausgegeben von der
Robert Bosch Stiftung

Hohenheim Verlag
Stuttgart · Leipzig

Die Deutsche Bibliothek – CIP-Einheitsaufnahme
Ein Titeldatensatz für diese Publikation ist bei der Deutschen Bibliothek erhältlich

Konzeption: Markus Hipp
Bearbeitung: Judith Rösch, Angela Hohlfeldt
Satz: Hahn Medien GmbH, Kornwestheim
Druck- und Bindearbeiten: Wilhelm Röck, Weinsberg
Printed in Germany
ISBN 3-89850-040-3

Inhaltsverzeichnis

Hans Maier
Vorwort 8

Estland

Anne Witt
Lerne dein Land kennen 16

Lettland

Marianne Wilke
Ich bin eine Flasche oder Recycling auf Lettisch . . . 22
Felix Ruschke
Der Nabel 27
Markus Lux
Annis Tagebuch 30

Litauen

Angela Hohlfeldt
Leergut – alles gut? 34
Rut Brücher
Sehnsucht 37
Jürgen Buch
Vilnius – ein nordisches Dorf? 39
Lorraine-Jeanette Albert
Frohe Weihnachten aus Litauen 42

Polen

Sandra Ewers
Polen im Fieber 46
Anke Huckauf
Die Entwicklung einer Freundschaft –
drei Episoden einer Annäherung 58
Hans-Joachim Hahn
Nacht- und Taggedanken zu Kielce 65
Katharina Stoll
Hanysy und Gorole – Fritze und Helmuty 69
Heike Fahrun
Phänomenologie der Papierserviette 73
Birgit Roser
Alltagsgeschichten 78

Slowakei

Elisabeth Kallenbach
Teilnehmende Beobachtung
in einem Chor in der Slowakei 86
Anke Pätsch
Opferbericht einer Boschlektorin oder warum
Slowakisch das Esperanto der slawischen
Sprachen noch nicht sein kann 92

Tschechien

Nicole Hirschler-Horáková
Raz – raz – raz, dva, tri, četyre –
Olomouc und seine militärische Vergangenheit 96

Ukraine

Ina Mleinek
Sprechen und Reisen miteinander 104
Ellen Gaus
Donezk – Frankfurt 111
Lenore Becks
Wenn man in die Fremde drängt 120

Ungarn

Ralf Kirmse
Tiefer Süden 128
Corinna Dommes
Blick in die Raab oder das Leben ist schön 133
Martina März
Und täglich grüßt das ungarische Wollschwein . . . 140
Thorsten Meyer
Vier Jahreszeiten – Impressionen von Ungarn 149
Gereon Schuch
Geschichtsbetrachtungen aus dem Zugabteil 157

Weißrußland

Uta Kronberger
Weißrussische Wasserwelten 162

Autoren 169

Vorwort

Jahrzehntelang lebten unsere östlichen Nachbarn dicht vor der deutschen Haustür. Aber man konnte kaum zu ihnen gelangen (zumindest dann nicht, wenn man Bürger der Bundesrepublik war). Auf der Landkarte waren zwar die Staaten und Völker Mittel- und Osteuropas zum Greifen nahe. Aber der kalte Krieg hatte Europa gespalten, Osteuropa lag, vom Westen her betrachtet, im Schatten der Geschichte – und der weite Raum zwischen Fichtelgebirge, Schwarzmeer, Ural, zwischen der Ostsee und dem nördlichen Karst schien nur noch ein großes Glacis, ein Aufmarschgelände der östlichen Weltmacht zu sein, unzugänglich für westliche Reisewut, zurückgezogen, abweisend und isoliert.

So blickten die Nachkriegsdeutschen in der Bundesrepublik vorwiegend nach Westen. Generationen junger Menschen entdeckten die Welt im Schüleraustausch, auf Jugendtreffen, mit Interrail, Auto und „Last minute", den Westen, Süden und Norden. Nur wenige wagten den Sprung nach Mittel- und Osteuropa. Denn die Hürden waren hoch, die Risiken nicht gering. Man mußte Mauern und Stacheldraht, politische Widerstände und bürokratische Hemmnisse überwinden. Passierscheine, Visen, Transitscheine, Aufenthaltsgenehmigungen – im Westen schon von abklingender Bedeutung – spielten im Osten noch immer eine gewichtige Rolle. Das schreckte viele ab. Gelang es aber, die diversen Schwierigkeiten zu überwinden und einen Weg in östliche Länder zu bahnen, so fand man überrascht ein älteres Europa vor. Man kam in eine ungewohnte, fremde, ganz andere Welt.

Vieles in den mittel-, ost- und südosteuropäischen Ländern war verfallen, zurückgeblieben, dringend erneuerungsbedürftig, das ließ sich mit bloßem Auge erkennen. Aber anderes beeindruckte auch, weil es so unbekümmert altmodisch und beharrungskräftig daherkam. Manche Besucher genossen das Flair des Verfalls, die Farben der Nostalgie. Im Vitriol der Volksdemokratie, so schien es, war ein gerüttelt Maß Vergangenheit konserviert worden. Die Armut hatte sich als guter Denkmalpfleger erwiesen. Wo gab es das noch anderswo in Europa: uralte Dörfer, verwitterte Häuser, holprige Landstraßen, blakende Kamine, Bauernwagen, mit Panjepferden bespannt – wo aber auch pathetische industrielle Landschaften aus Rauch und Feuer wie in Oberschlesien oder im östlichen Teil der Ukraine? Man entdeckte bei Fahrten viele europäische Gemeinsamkeiten neu: Burgen, Kirchen, Klöster, Adelspalais, Villen und Bürgerhäuser – und auch die alteuropäischen Tugenden der Langsamkeit, Sorgfalt, Höflichkeit, Gelassenheit. Dann aber überwältigten einen wieder die Bilder der Hoffnungslosigkeit und des Verfalls, die riesigen Umweltzerstörungen, die Lähmung, die alles erfaßt hatte, der allgemeine Fatalismus. Nein, einladende Länder waren das nicht, obwohl man die Menschen liebgewann und ihnen gern geholfen hätte. Aber wie, auf welche Weise? Die politischen Verhältnisse schienen festgefügt und starr, keiner Veränderung zugänglich.

Dann geschah das Unerwartete: Das kommunistische Weltreich zerbrach. Die wirtschaftlichen, militärischen, politischen Blocksysteme des Ostens lösten sich auf. Die Völker Osteuropas, voran Polen und Ungarn, befreiten sich aus der strengen Solidarhaft von COMECON und Warschauer Pakt. Das alles führte 1989 zum Zusammenbruch des SED-Regimes der DDR und machte

1990 die Wiedervereinigung der beiden Teile Deutschlands möglich; es zog 1991 die Auflösung der Sowjetunion nach sich und setzte die auseinanderfallenden Glieder des einstigen Riesenreichs dem doppelten Druck internationaler Konkurrenz und innerer ethnischer Spannungen aus.

Mit dem Sturz des Kommunismus war die Teilung Europas beendet. Die kulturelle Einheit des Kontinents begann aufs neue sichtbar zu werden. Das Wort vom „gemeinsamen europäischen Haus" machte die Runde. Europa war dabei, seine Spaltung zu überwinden, seine Freiheit wiederzugewinnen. Man konnte zwischen Ost und West wieder in wachsendem Maße reisen, telefonieren, korrespondieren, Verbindungen knüpfen. Erste gemeinsame Unternehmungen wurden geplant. Der größere Teil der mittel- und osteuropäischen Länder begann sich nach Westen hin zu orientieren. Polen, Ungarn, Tschechien, die Slowakei, die baltischen Staaten und – nach dem Zerfall Jugoslawiens – Slowenien und Kroatien bemühten sich um Aufnahme in die Europäische Union.

Das war die Situation, in der die Robert Bosch Stiftung beschloß, zunächst ein Lektorenprogramm zur Förderung der deutschen Sprache und Landeskunde und wenige Jahre später auch zur Förderung der Geistes- und Sozialwissenschaften in Mittel- und Osteuropa auszuschreiben. Stipendien wurden bereitgestellt für eine einjährige Lehrtätigkeit in den Fächern Germanistik, Jura, Wirtschaftswissenschaften, Geschichte, Politikwissenschaften oder Soziologie. Voraussetzungen waren: ein abgeschlossenes Hochschulstudium, Interesse an Mittel- und Osteuropa, Lehrerfahrung und Bereitschaft zu universitärer studentischer Projektarbeit. Das Höchstalter war 35 Jahre. Die Bezahlung lag mit Absicht unter dem im akademischen Austausch bis dahin Üblichen und Eingeführten – es wurde von den Bewerbern erwartet, daß sie ein wenig Pioniergeist mitbrachten und die Bereitschaft, sich den örtlichen Bedingungen anzupassen. (Wie oft stört bis heute bei Tätigkeiten westeuropäischer oder amerikanischer Experten in Osteuropa der krasse Abstand zu den osteuropäischen Kollegen in der Bezahlung; dem sollte vorgebeugt werden!) Als Gastländer faßte die Stiftung ins Auge: Estland, Georgien, Lettland Litauen, Polen, die Slowakei, Tschechien, die Ukraine, Ungarn und Weißrußland; inzwischen ist Rußland dazugekommen. Das Stipendienprogramm beginnt jeweils am 1. August und umfaßt neben der Lehrtätigkeit ein einwöchiges Vorbereitungsseminar, einen Sprachkurs im Gastland, ein Regionaltreffen während des Studienjahres und ein Bilanztreffen nach der Rückkehr aus dem Gastland.

Das Echo war erstaunlich groß, manchmal geradezu überwältigend. Inzwischen sind in acht Jahren über 300 Lektoren nach Mittel- und Osteuropa gegangen. Viele wissenschaftliche und pädagogische Verbindungen sind entstanden, viele Bekannten- und Freundeskreise haben sich gebildet. Sprachkurse, literarische Veranstaltungen, Reisen nach dem Westen – das ist für einen Weißrussen bereits das polnische Krakau! –, Hilfen mit Büchern und Lehrmitteln wurden organisiert. Die jungen Lektoren vermittelten nicht nur die deutsche Sprache – sie wurden als Deutsche auch in den Disput über deutsche Geschichte, über die jüngste Vergangenheit hineingezogen – in Ländern, von denen mehr als eines in seiner Geschichte von deutschen Siedlern und ihrer Kultur geprägt worden war. So entstand ein Dialog, der von Anfang über das Wissenschaftliche und Pädagogische hinausging und die Deutschen in die Probleme der osteuropäischen Gegenwart wie der eigenen Vergangenheit und der Zukunft hineinzog. Eigenes und fremdes Selbstverständnis spielte in diesem Dialog eine gewichtige Rolle. Im geduldigen Hinhören kam man der historischen Wahrheit auf die Spur. Auf dem Boden unvoreingenommener Suche nach der Wahrheit konnte Völkerverständigung gedeihen, europäische Gemeinsamkeit wachsen.

Der vorliegende Band mit seinen spontan erzählten Erlebnissen und Erfahrungen spiegelt diesen Prozeß der Begegnung vielfältig wider. Er gibt ein farbiges, detailfreudiges und ungeschminktes Bild des heutigen Mittel- und Osteuropa. Das beginnt mit den Schwierigkeiten des Reisens und Ankommens, der Schlangen vor Schaltern und – neuerrichteten – Schlagbäumen, dem Einkaufen und Essen, Wohnen und Arbeiten, die anders sind als hierzulande. Die Geschichten erzählen von lustigen Vorkommnissen, von Freundschaft, Gastlichkeit und Feste feiern – aber auch von Mißtrauen, Distanz und kriminellen Machenschaften, denen Einheimische wie Fremde zum Opfer fallen. Die Landschaften sprechen in vielen Tönen, alte Orte entfalten ihre verwitterte Pracht oder prunken mit Novitäten und Modernismen. Spracherwerb und Sprachverständigung im ethnisch hoch differenzierten Osteuropa ist ein eigenes unerschöpfliches Thema – ebenso wie Recycling, Jahreszeiten, Wanderungen, Flußfahrten, Volksfeste, Chorgesang. Und immer wieder das Lehren und Lernen, die Begegnungen mit Schülern und Studenten, das Nachwirken der alten, eben erst überwundenen politischen Verhältnisse, das Aufbranden neuer Nationalismen. Kurz, langweilig ist es den Lektoren – die Damen unter ihnen in der kräftigen Mehrzahl! – in Mittel- und Osteuropa nicht geworden; und auch uns, den Lesern, wird es nicht langweilig bei der oft vergnüglichen, manchmal bedrückenden, immer erhellenden und reich informierenden Lektüre dieser Seiten „aus dem wirklichen Leben".

Am tröstlichsten wirkt auf mich die Art, *wie* die jungen Menschen erzählen: ohne Pathos, ohne Wehleidigkeit, ohne Überlegenheitsgefühle und didaktischen Zeigefinger, immer voller Neugier und nicht leicht einzuschüchtern, oft mit heiterer Gelassenheit und mit einem Schuß Selbstironie. Der Grundton heißt: Laß dich nicht verblüffen – nimm alles auf, was dir entgegenkommt. Es bringt zumindest Überraschungen, heitere und schlimme, die es anderswo nicht gibt. Wer nach Europas Osten fährt, kann etwas erleben und anderen davon erzählen. Langweilen kann man sich auch anderswo!

Hans Maier

Estland

Anne Witt
Lerne dein Land kennen

Einen der ersten und wohl nachhaltigsten Eindrücke von Estland vermittelte mir Frau Kadari. Bei ihr wohnte ich am Anfang meines Aufenthaltes für drei Monate zur Untermiete. Frau Kadari ist 83 Jahre alt, Witwe eines Juraprofessors an der Universität Tartu und war selbst lange Zeit wissenschaftliche Mitarbeiterin. Sie hält auch heute noch enge Kontakte zum universitären Leben und unterstützt mit den ihr gegebenen Mitteln eine Studentinnenkorporation. Von Zeit zu Zeit besuchen einige Studentenvertreterinnen Frau Kadari. Sie sitzen in ihrer guten Stube, meist mit ihren bunten Korporationsmützen, verschiedenen Schärpen und anderen Kennzeichen ihrer Verbindung dekoriert. Dann lebt sie auf und wirkt beinahe aufgekratzt.

Frau Kadari ist eine der emsigsten Personen, die ich je gesehen habe. Sie wohnt im Tartuer Stadtteil Tähtvere in einem zweistöckigen Haus mit großem Garten. Den gesamten Herbst über harkte und verbrannte sie Laub oder hackte Holz. Im Winter hackte sie Holz oder fegte Schnee. Als ich sie im Frühjahr zur Zeit der Schneeschmelze besuchte, zerstach sie die angehäuften vereisten Schneemassen in Quader, um sie dann nebeneinander in der Sonne auszubreiten, damit sie schneller tauten. Ihr dauert alles zu lange, auch die ewige Tauperiode in Estland. Seit es wärmer ist, bepflanzt und pflegt sie den Garten und hackt immer noch Holz. Frau Kadari beendete ihre Schulausbildung 1936 in der ersten estnischen Republik. Sie spricht heute noch sehr gut Deutsch. Für mich verkörpert sie diese erste estnische Republik.

Frau Kadari ist schwerhörig. Wenn ich in der oberen Etage in meinem Zimmer saß, konnte ich alle Radio- und Fernsehprogramme, die sie hörte und sah, akustisch miterleben. Das war bisweilen sehr amüsant, zum Beispiel, wenn das Haus unter hämmernden Technobeats dröhnte. Zuerst schlußfolgerte ich daraus eine außergewöhnlich tolerante Einstellung gegenüber den neueren Musikrichtungen. Falsch. Sie gönnt sich dieses Kontrastprogramm, um sich selbst zu bestätigen, daß klassische Musik und vor allem die estnischen Volksweisen viel besser klingen. Als ich sie daraufhin ansprach, klagte sie, nun hätte sie 50 Jahre lang sowjetische Unkultur ertragen müssen und jetzt, da es an der Zeit wäre, Estnisches wiederzubeleben, stoße sie auf Schritt und Tritt auf Amerika; amerikanische Fernsehserien und Popmusik riefen ihren Unwillen hervor.

Sehr amerikanisch wirkte auf mich (und das, obwohl ich im Gegensatz zu Frau Kadari keine Amerikanisierung Estlands befürchte) eine kürzlich veranstaltete Wochenend-Beach-Party an den malerischen Ufern des Pühajärvs in Südestland.

Pühajärv bedeutet Heiliger See. Er strahlt eine merkwürdig mystische Stimmung aus und wurde 1991 vom Dalai Lama gesegnet.

Daran erinnert allerdings nichts, wenn Anfang Juni mehr oder weniger bekannte estnische und internationale Popmusikanten aufspielen. Das mehrheitlich junge Publikum reist in metallicfarbenen Riesenwagen an, ist braungebrannt, linst durch Designersonnenbrillen und trägt etwas zwischen Bade- und Abendrobe. California Dream.

Man trinkt Bier und tanzt bis zum Morgen. Richtig dunkel wird es gar nicht erst. Jetzt gibt es zwei heiße Tage und weiße Nächte lang Spaß.

Niemand kann sich mehr vorstellen, daß mitten im Wonnemonat Mai Schneestürme Estland peitschten. Auch nicht, daß im Winter, als es nur fünf Stunden lang hell war (die Hälfte dieser Zeit dämmerte es allerdings, hell ist also nur heller als stockfinster), in den Werbepausen im Fernsehen Spots für Winterdepressionssorgentelefone liefen. Traurige Männer und Frauen starrten lebensmüde an der Kamera vorbei, während auf dem Bildschirm Nummern für psychotherapeutische Dienste eingeblendet wurden.

Das ist jetzt vergessen. In drei Wochen ist Jaanipäev, St. Johanni, der längste Tag im Jahr und das größte estnische Volksfest.

Die Partygänger wirken in der Tat wie aus einer amerikanischen Soap, wenn sie in ihre blitzenden Flitzer steigen und zurück nach Tartu, Pärnu oder Tallinn fahren. Sie strahlen soviel Packen-wir-es-an, Erfolg und Lebensfreude aus. Gestoppt werden sie nur, wenn sie in eine der häufigen Verkehrskontrollen geraten und schneller als die 110 Stundenkilometer Höchstgeschwindigkeit gefahren sind.

Eine viel gemächlichere Art durch Estland zu kommen sind Busse und Züge. Wirklich betriebene Zugstrecken gibt es hier nur drei oder vier. Es geht das Gerücht um, der Balti Expreß, der Estland mit Lettland und Litauen verband, solle ab Juni wieder fahren. Im Winter gab es nur Busse, die einen auf dem Landwege in die große weite Welt brachten. Zwischen den vier großen estnischen Städten verkehren regelmäßig Expreßbusse. Das heißt, sie fahren direkt – und streckenweise beinahe 90 km/h.

Alle anderen Busse und Züge werden vom Volksmund spöttisch *Lerne dein Land kennen* genannt. Und tatsächlich, man lernt sein Land kennen. Der Zug von Tallinn nach Tartu (189 km) fährt fast vier Stunden und hält an jeder noch so winzigen Bahnstation.

Viel Zeit, um nachzudenken, um aus dem Fenster zu schauen und sich an der Weite dieses flachen Landes zu erfreuen.

Die *Lerne dein Land kennen*-Busse zuckeln gemütlich von Ort zu Ort, fahren die verwirrendsten Schleifen und Umwege, um an jedem ehemaligen Gutshof (heute Lungenklinik, Schule, leer, Kinderheim, Hotel oder Museum), jeder Kuhtränke, jedem Milchkannenstand und manchmal auch in Ortschaften mit mehr als drei Gehöften zu halten. Und komischerweise sind diese Busse immer gefüllt, und überall steigt jemand ein oder aus.

Wenn man jetzt offenen Auges durch die ungeputzten Scheiben blinzelt, kann man auf Saarema, der größten Insel Estlands, dutzende Windmühlen, Krüppelkiefern, Wacholder und aufgespannte Fischernetze sehen. Überall wird man auch einige volltrunken die Dorfstraße entlangtaumelnde Vertreter der männlichen Landbevölkerung erblicken können. Alkoholismus ist nach wie vor ein großes Problem. In Richtung Kohtla-Järve (im Nordwesten Richtung Narva) türmen sich giftige Müllhalden. In Städtchen wie Otepää (im Süden) hat sich die moderne Infrastruktur eines Touristenzentrums entwickelt.

In einem der Dörfer am Peipussee fädelt eine Großmutter mit Kopftuch silbrige Fischlein auf, um diese dann zum Trocknen an die kanariengelbe Wand ihres Holzhauses zu hängen. Vor dem Nachbarhaus steht ein nagelneuer BMW.

Und wenn man will, dann steigt man einfach irgendwo aus.

4
TAKSO

Lettland

Marianne Wilke
Ich bin eine Flasche oder Recycling auf Lettisch

Ich bin eine Flasche. Man kann mich für ca. 35 Santimi überall in Lettland kaufen – in den unzähligen rund um die Uhr geöffneten Tante Emma Läden, an *Statoil-* oder *Neste-*Tankstellen oder im *Rimi-*Supermarkt. In mir sind 1,5 Liter *Mangaïi* Mineralwasser mit Kohlensäure. Es gibt mich auch mit erfrischendem Zitronenaroma. Ich bestehe aus Weichplastik. Mein Leben ist kurz. Ein Leben nach dem Ausgetrunkensein ist für mich und meine Millionen Artgenossen, mit Namen *Bonaqua, Vichy, Evian* und *Vittel,* nicht vorgesehen. Wir sind Kunststoffmüll. Unkaputtbar. Ich hörte von Ländern, in denen wir größtenteils „recycelt" werden, weil wir als Wertstoff gelten. Dort gibt es uns als Mehrwegflaschen – hier nicht. Hier werden wir ausgetrunken und einfach weggeworfen – unsortiert durch den Müllschluckerschacht in den Hausmüll. Manchmal kommen Menschen, die in den Müllcontainern stochern und nach uns suchen. Wenn sie eine von uns gefunden haben, stecken sie sie in eine große Plastiktüte und gehen weiter. Manchmal auch in eine alte Reisetasche, die mit einer Schnur auf einem Wägelchen festgezurrt ist und in der unsere Verwandten aus Glas uns begrüßen. Diese Menschen geben uns dann an einem Schalter in einer Seitenstraße nahe am Bahnhof ab und erhalten dafür ein paar runde Stücke Metall.

Andere Menschen nehmen uns, wenn wir leer sind, einfach mit. Das passiert meistens, wenn es dunkel ist. Sie fahren mit ihren Maschinen, halten an, lassen uns frei, und morgens sehen wir dann bei Tageslicht, daß wir in einer Kuhle im Kiefernwald liegen – abseits vom Hauptweg. Häufig begegnen wir dann auch Artgenossen. Diese haben während des langen Liegens schon Freundschaft geschlossen mit *Tetrapaks, Dunlops* und anderen großen Dingen aus Metall.

Einige von uns haben aber auch Glück. Manche Menschen erkennen, daß wir viel zu schade zum Wegschmeißen oder Verbrennen sind (im Kamin oder mit den Gartenabfällen – ein grausames Schicksal!). Sie denken sich einfach eine neue Funktion für uns aus. In den riesigen Rigaer Hauptmarkthallen gibt es viele von uns. In der Halle mit Milch- und Käseprodukten stehen wir gleich vorn am Eingang. Dort werden wir gebraucht als Behältnis für Speiseöle (Sonnenblume, Raps etc.). Die Verkäuferinnen mit ihren hübschen weißen Spitzenhäubchen im Haar stellen uns jeden Morgen wie eine kleine Armee auf. Eine Halle weiter, dort wo man Obst und Gemüse kaufen kann, findet man uns bei der Arbeit als Schaufeln. Um diesen Job zu bekommen, muß man leider einen Teil seiner Weichplastikgestalt lassen. Ein Schrägschnitt mitten durch unseren schlanken Körper befreit uns von unserem Boden. Unser Hals samt Verschluß dient fortan als Griff. So umgestaltet gelingt es uns mühelos, lose Mengen Bohnen, Erbsen, Kümmel, Kekse und selbst Konfekt zu portionieren.

Auf der Insel Saaremaa gibt es eine Schaufel-Flasche, die auf einem Plumpsklo arbeitet. Sie steckt in einem Eimer Sand, welcher der Geruchsreduzierung förderlich ist.

Eben dort, auf der estnischen Insel, verdanken acht von uns einem estnischstämmigen Amerikaner ihre neue Existenz. Zur Illumination des Eingangs seines noch zu renovierenden Gutshauses fügte er ihnen Querschnitte zu, füllte den Boden mit Sand, in den er jeweils ein Teelicht setzte und machte sie so zu dekorativen Windlichtern. Vom Windlicht ist es nicht weit zur durch Strom betriebenen Lampe. In den oben schon beschriebenen Bodenteil wird eine einfache Fassung eingesetzt. Dann noch eine kleine Glühlampe samt Batterie – und fertig ist die Lampe für den Straßenverkauf an der Fußgängerunterführung gegenüber dem Autobusbahnhof Riga.

Auch im Tierreich können wir uns als nützlich erweisen. Bringt man mehrere senkrechte, ca. 2,5 cm breite Schlitze dort an, wo sonst das Etikett sitzt, füllt uns anschließend mit Wasser und hängt uns dann in einen Baum, sind wir eine perfekte Vogeltränke. Setzt man dem Wasser Zucker hinzu, verwandeln wir uns in wirksame Insektenfallen. Kurzlebig, doch ohne daß man groß Hand anlegen müßte, erfreuen einige von uns ab und an einen jungen Schäferhundmischling mit Namen *Bernstein*. Dieser und wohl noch viele andere Bernsteine dieser Welt sehen in uns ein kurzweiliges Spielzeug. Herrchen oder Frauchen kann uns in die Luft werfen, und wenn *Bernstein* uns fängt und die Zähne an uns wetzt, knacken wir ganz wunderbar.

Eine sinnvolle zweite Existenz erfüllt diejenigen von uns, die von Kinderhänden im schulischen Gestaltungsunterricht (so gesehen in der 2. Mittelschule Ludza, Latgale – im Osten Lettlands) zu Blumenübertöpfen umgewandelt werden. Dazu wird das obere Drittel (inklusive Flaschenhals) abgeschnitten. Der verbleibende lange Schaft mit Bodenteil wird nun von oben im Abstand von ca. 0,5 cm reihum längs nach unten eingeschnitten. Auf diese Weise entsteht ein Bouquet von Plastikstrahlen, an deren Ende nach Wunsch noch kleine Styroporkügelchen als Schmuck befestigt werden können: Fertig ist ein Übertopf für Zimmerpflanzen im Stil der siebziger Jahre.

Die Tatsache, daß Menschen die Gräber ihrer Verstorbenen mit Blumen schmücken, eröffnete wiederum einigen von uns ihre neue Bestimmung. Das ganze Jahr über helfen sie den Blumenverkäuferinnen, die entlang der Mauer des größten Rigaer Friedhofes ihre einfachen Stände aufgebaut haben. Vom Boden befreit, stehen wir Flaschen auf unserem Schraubverschluß Kopf und werden so zur Vase, die vor dem Grabstein leicht in den feinen Sand gebohrt werden kann.

Auch der Haushalt eines Menschen ist ein Ort, wo sich einige von uns nützlich machen. Dank sechsen von uns mußte eine Rigenserin in der Übergangszeit vom Winter zum Sommer, wenn die Heizungen trotz ungemütlicher fünf Grad Außentemperatur abgestellt werden, in ihrem Bett nicht frieren. Die erfinderische Frau füllte uns mit heißem Wasser und legte uns an das Fußende des Bettes, wo wir unsere Aufgabe erfüllten und Wärme spendeten.

Heißes Wasser, Kaffeepulver, eine Filtertüte und das obere Drittel einer von uns sorgten dafür, daß sich eine zugereiste Deutsche, im übrigen Lektorin, ihr belebendes Morgengetränk zubereiten konnte, obwohl in den Geschäften Rigas nirgends ein einfacher Handfilter zu erwerben war. Eben jene Deutsche und weitere ihrer Landesgenossen haben mittlerweile gelernt, daß wir ihnen auch nützlich sein können, indem wir das tun, wofür wir prädestiniert sind: Wasser aufbewahren. Sie füllen uns mit herkömmlichem Leitungswasser und stellen uns dorthin, wo sie nicht über uns fallen. Unsere große Stunde naht dann, wenn mal wieder aus nicht unmittelbar nachvollziehbaren Gründen für ungewisse Zeit plötzlich kein Wasser mehr aus dem Wasserhahn kommt. Dann greifen sie nach uns, und wir werden zur Dusche, Toilettenspülung und Abwaschhilfe.

Neuerdings kann man mit uns auch gewinnen. Wenn ein Mensch drei unserer Etiketten sammelt und einschickt, kann er einen Kühlschrank gewinnen – leider keines dieser roten Modelle aus Stuttgart. Der Hauptpreis ist eine Reise nach Afrika.

Aber wer will schon nach Afrika, wenn das Leben in Lettland mindestens ebenso aufregend ist?

Felix Ruschke

Der Nabel

Rēzēkne ist der Nabel des Baltikums – sage ich gern und verblüffe damit vor allem jene, die sehr gut wissen, welchen Ruf dieser Ort bei den hochnäsigen Hauptstädtern in Riga genießt. Aber was heißt denn schon Nabel? Eben – er ist zentral gelegen, aber: Im Grunde ist er ja nur ein kleines schmutziges Loch und außerdem völlig überflüssig.

Eine zentrale und außerordentlich verkehrsgünstige Lage hat Rēzēkne allemal. Hier, inmitten einer einsamen Bilderbuchlandschaft, wo bis heute mehr Störche als Menschen zu leben scheinen, kreuzen sich Fernstraßen, an deren Enden sich irgendwo Millionenstädte befinden, auch wenn sich in Rēzēkne beim Anblick der verwaisten Pisten eher die Erinnerung an unsere autofreien Sonntage aufdrängt. Ebenso wichtig sind natürlich die Schienenwege – und hier bergen die Abfahrtstafeln der zwei kleinen Bahnhöfe Erstaunliches. Welche andere 40 000-Seelen-Stadt kann schon aufwarten mit direkten Schnellzugverbindungen nach Riga, Moskau, Petersburg, Vilnius, Kaliningrad und… – Ja, und dann ist da eben der Zug Nummer 53, der sich viermal die Woche um 23.14 Uhr auf den Weg macht nach Vilnius – Lemberg – Tschernowitz – Bukarest – Sofia. Vom Baltikum zum Balkan, ohne Umsteigen in gerade mal 57 Stunden – Rēzēkne ist nah an der Welt!

Manchem ordnungsliebenden Mitteleuropäer mag der Balkan weitaus näher erscheinen, denn schon in Rēzēkne selbst trifft er auf ein ihm gänzlich ungewohntes Neben- und Durcheinander sehr unterschiedlicher

Nationalitäten, Sprachen und Religionen: Lettgaller, Letten, Russen und Polen, Katholiken, Orthodoxe und Altgläubige bewahren jeweils das Ihre, ohne den anderen gleich alles nehmen zu wollen. Die Menschen hier mögen sehr zurückhaltend und verschlossen wirken, geradezu lethargisch. Aber gerade heute wird man es als ein Glück ansehen dürfen, daß den hiesigen Völkern jene balkanische Heißblütigkeit fehlt, die dort aus einem Neben- und Durcheinander so oft Krieg entstehen ließ.

Auf der Reise vom Baltikum in den Balkan trifft man auf die Namen Wilna, Lemberg und Tschernowitz, welche für uns einen sehr jüdischen Beiklang haben, und auch hier reiht sich Rēzēkne mit ein. Noch vor wenigen Jahrzehnten war das Städtchen Režica ein durch und durch jüdischer Nabel in einem Landstrich, der nicht nur einmal seinen Eigner gewechselt hat. Heute ist davon kaum noch etwas zu spüren – die letzte erhaltene Synagoge kann nicht mehr betreten werden, da der Fußboden zu morsch ist, und nur die neuen Gräber auf dem jüdischen Friedhof deuten an, daß es auch noch eine kleine lebende Gemeinde geben muß.

Ein Nabel zu sein, brachte der Stadt mehrmals rapiden Aufschwung, mehrmals das Verderben. Der Eisenbahnanschluß ließ sie im letzten Jahrhundert zu einem kleinen Handelszentrum heranwachsen und machte sie 1944 zum Ziel von Luftangriffen, die kaum ein Haus unbeschadet ließen. Der größte Aufschwung, nun zu einem wichtigen Industriestandort der Sowjetunion, begann gleich danach und barg in sich schon wieder neues Verderben: Denn der Nabel war angewiesen auf eine Nabelschnur in Richtung Osten. Heute ist sie längst abgerissen, und es zeigt sich deutlich, daß der Nabel nicht weit von der Gürtellinie entfernt ist, der Grenze zu Rußland. Hinter der ist alles fremd geworden, unbekannt, bedrohlich. Man schottet sich ab – der Grenzschutz hat Hochkonjunktur und richtet neue Stellen ein, während Rēzēkne sonst unter der höchsten Arbeitslosigkeit in ganz Lettland leidet.

Riga wäre nun gefragt, aber die Hauptstadt übersieht den Nabel geflissentlich. Welche Metropole schaut auch schon so weit an sich hinunter, zumal wenn sie gerade eifrig dabei ist, sich für das eigene achthundertjährige Jubiläum die Wimpern zu tuschen. Und außerdem: So ein Nabel ist doch sowieso nur ein kleines schmutziges Loch und völlig nutzlos ...

Rēzēkne ist alles andere als schmutzig, aber wer weiß das schon in Riga? Wimperntusche hilft bei Kurzsichtigkeit nicht viel.

Und hier? Tagtäglich fahren russische Ölzüge und usbekische Kühlwaggons an Rēzēkne – vorbei, polnische und holländische Fernlaster um Rēzēkne – herum.

Ob in der Stadt manchmal jemand an einen Nabel denkt?

Markus Lux
Annis Tagebuch

Anni ist zehn Jahre alt, als sie beginnt ein Tagebuch zu schreiben. Sie lebt in Riga und besucht die Esra-Grundschule, eine Privatschule. Ihr Vater ist ein angesehener Arzt und Sozialdemokrat, die Mutter kümmert sich um den Haushalt mit den beiden Töchtern Anni und Lucy. Anni ist ein ganz normales Mädchen, vielleicht ein wenig frühreif. Sie träumt davon, Schriftstellerin zu werden. So beginnt ihr Tagebuch mit den Sätzen: *„Ich schreibe Gedichte und will sie in der Kinderecke einer Zeitung veröffentlichen. Ich möchte so gerne in der Zeitung schreiben und eine richtige Schriftstellerin sein."* Dieser Wunsch bleibt die ganze Zeit über bestehen, auch wenn Anni manchmal von Selbstzweifeln geplagt wird. Wie etwa gegen Ende des Tagebuchs, als das dann fünfzehnjährige Mädchen eine erste Schaffenskrise durchlebt: *„Ich möchte so furchtbar arbeiten, dichten und kann es nicht. Es ist leer in mir. Ich fürchte, ich werde nie, nie Schriftstellerin werden können."* Über ihre Familie erzählt Anni wenig, nur manchmal berichtet sie von den Streitereien mit ihrer Schwester Lucy: *„Sie prügelt mich. Ich wiederum lasse mich nicht von einem Mädel, welches 2 1/2 Jahre jünger ist als ich, verhauen, und prügle sie auch."* Auch die Eltern finden kaum Erwähnung, der Vater überläßt die Erziehung größtenteils der Mutter. Ein Streit zwischen den Eltern, bei dem der Vater überstürzt das Domizil des Sommerurlaubs verläßt, schockiert die junge Anni.

Weit mehr erfahren wir über den Alltag in der Schule. Anni ist eine gute Schülerin, einzig Zeichnen und Rechnen bereiten ihr Probleme: *„Ich werde wieder einmal eine schlechte Rechenklassenarbeit schreiben. Mit dem Rechnen geht es mir gar nicht.“* Die geisteswissenschaftlichen Fächer gefallen der angehenden Schriftstellerin natürlich besser, wobei ihr zu Hilfe kommt, daß sie drei Sprachen fließend beherrscht. Anni ist sehr fleißig, vielleicht kann man sie eine Streberin nennen. Daher ist sie bei den Klassenkameraden nicht besonders beliebt – was sie auch spürt: *„Ich habe den Eindruck, daß ich nicht zu meinen Klassenkameraden gehöre. Sie sehen mich als eingebildetes Ding an, das besser sein will als sie.“* Daher sucht sie die Zuneigung ihrer Lehrer, und als sie frustriert die Esra-Schule verläßt – *„Ich habe die Esra-Schule gänzlich satt.“* – und auf eine öffentliche Schule wechselt, spielt sie mit dem Gedanken, Lehrerin zu werden. Allerdings nur für kurze Zeit, denn bald kommt sie zu dem Schluß: *„... in einer Schule unterrichten heißt sich lebendig begraben.“*

Doch Anni hat noch ein Ziel – ein Ziel, das größer ist als der Wunsch, Schriftstellerin zu werden. Anni möchte nach Palästina übersiedeln; nach Palästina, das Anni ihre Heimat nennt. Denn Anni heißt mit Nachnamen Hazkelson und ist Jüdin. Es ist nicht so, daß sie Lettland nicht mögen würde – *„Ich habe Lettland sehr lieb.“* – oder daß sie den aufkeimenden Antisemitismus spürte. Anni ist ganz einfach von Theodor Herzl und der Idee des Zionismus begeistert.

Oder vielmehr war sie es. Denn Anni überlebte den Rassenwahn und Genozid der deutschen Besatzungszeit in Riga nicht, genauso wenig wie ihre Schwester Lucy, die Eltern, fast alle Mitschüler und Lehrer.

Wir wissen nicht genau, wann sie ermordet wurde. Wahrscheinlich geschah es Ende November/Anfang Dezember 1941 bei den Erschießungen von über 20 000 jüdischen Einwohnern am Rande Rigas. Ein Wehrmachtssoldat fand ihr auf Deutsch verfaßtes Tagebuch – es endet bereits 1939 – in jenem Winter in der leerstehenden Wohnung der Hazkelsons in der Merkelstraße 11.

In diesem Haus war ich – mehr als 50 Jahre später – als Bosch-Lektor tätig, denn heute befindet sich hier die Pädagogische Hochschule von Riga.

Der Soldat nahm das Buch an sich, vielleicht spürte er dessen Wert. Doch auch er sollte den Krieg nicht überleben, er fiel gegen Ende des Kriegs in Frankreich. Zuvor hatte er jedoch während eines Heimaturlaubs das Tagebuch einem befreundeten Germanisten übergeben in der Meinung, es sei bei diesem besser aufgehoben, weil er Halbjude war. Mehr als 20 Jahre nach dem Krieg drängte die Tochter des Germanisten mit Fragen nach der Vergangenheit, und der Vater übergab ihr das Buch. Es sollte wieder 20 Jahre dauern, bis das Tagebuch in die Archive von Yad Vashem, Israel, gelangte und noch weitere zehn Jahre, bis eine Kopie davon zurück nach Riga kam.

Der Talmud sagt, daß ein Mensch erst dann wirklich gestorben ist, wenn sich niemand mehr an ihn erinnert. Am 23. November 1934 schrieb Anni in ihr Tagebuch: *„Ich möchte etwas sein. Vor allem möchte ich, daß man mich nach meinem Tode nicht vergißt.“* Erfüllen wir ihr diesen Wunsch!

Litauen

Angela Hohlfeldt
Leergut – alles gut?

Im Märzen die Lektorin … Es ist die rechte frühjahrsputzige Zeit, um die unter der Spüle ausharrenden Pfandflaschen zu entsorgen. Nein, kein Indiz für die stereotype, über die hiesige Region verbreitete Trunksucht. Sie sammeln sich einfach an – alle deutschen Kollegen stöhnen –, weil keiner weiß, wohin damit. Man darf nicht glauben, daß der Verkauf von Pfandflaschenbräu gleichzeitig die Gewähr für eine Entsorgung des Leerguts böte: Wo man Pfandflaschen kauft, wird man sie garantiert nicht wieder los. Man munkelt, es handle sich um eine Art verdeckte städtische ABM-Maßnahme, und nur die, die in ihrer Not nicht wüßten wohin, kennen die Stelle, wo das scheinbar unterbrochene Recycle-System wieder zu einem Kreis(lauf) wird.

Aber es ist März, und ich spanne an und „hab mein Wage voll gelade" mit leuchtend blauen Müllsäcken. Gleich mehreren, denn es ist eine Kunst, zur Zeit des hupenden Müllautos daheim auf dem Sprung zu sein. Die Mülltrennung wird also darin bestehen, die Hälfte der Muff-Säcke durch die Stadt zur Kollegin zu fahren, wo einige der wenigen Container ihr Maul aufreißen, und die andere Hälfte mit auf die Suche nach einer Flaschenannahme zu nehmen. Wochen später sollte ich erfahren, daß man Pfandglas – in diesem Falle besser „Find-" oder „Fundglas" – sichtbar neben einen Papierkorb stellen könne, und im Nu verschwände es, was stimmen muß, denn nie sieht man welches.

Was mach ich mit dem Geklirr im Heck? Schlage den vertrauten Weg zur Fakultät ein, einer Hopfen- und

Malzfährte mit der Nase folgend, zum Fabrikausschank der beliebtesten litauischen Brauerei, alle sich Reihenden – durchweg Männer –, die zum Abfüllen bereitstehen mit Kanistern, glotzen: „Was will DIE hier?“ und grinsen, die Weißplast-Liter-um-Literbehälter in der roten Faust. Geben dennoch in guter, vorfreudiger Stimmung Auskunft über ein weiteres Fenster um die Ecke. Ich danke, befolge – und siehe, da stehen auch welche, noch weniger edel gekleidet, als die aus der ersten Schlange –, und ich parke ein (man stelle sich das vor: mit deutschem Auto und deutschem Nummernschild!) und schließe auf – szzzzt, Autotür hoch –, hole den gepflegt freundlichblauen Sekundärroh-Sack vor – plautz zu – und reihe mich ein; recht außerirdisch. Was für Blicke! Von vorn und von hinter mir! Ungläubig. Es braucht keinen Sprachkurs im Prestige-Badeort Nida, um die Laute des Mannes mit den drei Kartoffelsäcken voller Gut, im Blickwinkel meines geparkten Gefährts, zu verstehen ... Ein andrer vor mir packt aus, was er am Tag gefunden hat.

Was soll ich hier? Symbolische Centai einstreichen?

Angst vorm eigenen Wohlstand, der relativ ist.

TROTZdem bleibe ich. Wahrscheinlich gelähmt vor Ratlosigkeit. Und die mir angeborene deutsche Ordnung und der Hang zu ökologischem Gleichgewicht kommen heftig ins Wanken und in Zwiespalt mit dem dieser Kultur hier eigenen Kult um Leergut – daß nämlich nur diejenigen solch quälenden Tätigkeiten nachgehen, für die sich keine anderen Möglichkeiten des Überlebens auftun. Was mich im Konsumtempel jenseits der Oder ehrt, macht hier meinem Gewissen zu schaffen.

Der Verschwitzte vor mir im Mantelstaub mit Park-Liegefalte bekommt diverse Fundstücke zurückgereicht von dem Gummihandschuh aus dem Schiebefenster.

Alles würden sie nun doch nicht nehmen! (Dabei verwerten sie erstaunlich viel wieder, auch harte Hüllen, sekundärroh wie dereinst in den – ebenfalls östlichen und gleichzeitig deutschen – Tagen des Pionierehrenwortes, das man dafür gab, auch beim Nachbarn nach Altstoffen geklingelt zu haben.) Ich erinnere mich kurz, verdränge sofort. Stehe nach wie vor erstarrt und weiß überhaupt nicht mehr, wo ich mich befinde, und der Alte vor mir ist enttäuscht. Und kurz vorm Zuspätsein, als er schon Blech für Glas vorgezählt bekommt, weniger als erwartet, und eine absurde Sentimentalität im Anmarsch ist, stoß ich ihn an – mir fehlen die Worte, nicht nur die Litauischen –, deute auf meinen Sack und gehe.

Das ist filmreif. Jetzt noch das tränenverschleierte Gesicht des Alten einblenden … Was für ein A … (nfänger?) man doch ist! Ich setze mich wieder hinters Lenkrad; das Gewissen beißt und hackt, und es gibt bis zur übernächsten Kreuzung Rechtfertigungen, wie man denn leben soll bei solchen Verhältnissen. Kein Flaschenbier mehr, sondern nur noch „vom Faß"? Ihn zur Stadtrundfahrt einladen? Mit ihm reden? Allen aufgehaltenen Händen einen Lit mehr reinwerfen? Vielleicht nicht „werfen", sondern „reinlegen"? Vielleicht eine Reklamation der westlichen Konsumgüterproduktion öffentlich machen: Nicht „Nimm –", sondern „Gib zwei" …?

Rut Brücher
Sehnsucht

Noch eine Woche bis zum ersten Mai. Sie war an die Abschiede gewöhnt. Es war nicht das erste Mal, daß sie so lange voneinander getrennt waren. Jedes Jahr war es eine begrenzte und intensive Zeit, die sie miteinander verbrachten. Dieses Mal konnte sie seine Ankunft kaum erwarten. Sie hatte sich noch nie so sehr nach ihm gesehnt. War es ihr Alter, das die Trennung so schwermachte?

Oft hatte sie das Gefühl, er müsse schon da sein, sich schon in der Stadt aufhalten. Sie konnte ihn spüren, meinte ihn zu riechen. Manchmal vermutete sie, ein Zeichen zu erkennen: die Blumen vor der Tür, die lachende Nachbarin und die Mädchen, die sich für ihn schön zu machen schienen. Immer kam es ihr vor, als freuten sich alle mit ihr auf seine Ankunft.

Um sich abzulenken, war sie verreist. Die nächtlichen Eishockeyfans, die nach dem Sieg durch die Straßen zogen, erinnerten sie an ihn. Auch der Storch schien ihr ein speziell für sie plazierter Hinweis zu sein.

Als sie wiederkam, konnte sie es nicht fassen: Er war schon da! Erwartete sie! Er erschien ihr so schön wie nie. Ließ sein blaues Band wehen – und sie hätte vor Freude heulen wollen. Der Himmel strahlte, und sie lachte die Sonne an. Die ganze Stadt erschien ihr durch seine Ankunft verändert. Überall hinterließ er seine vertrauten Spuren. Die Kastanien explodierten. Die Schnecke kreuzte ihren Weg. Die Mädchen spielten Hüpfekästchen, die Männer saßen draußen und tranken Bier. Die Sonnenbrillenverkäuferin machte endlich ein gutes Geschäft, und die Obstbäume wurden frisch gekalkt. Kinder badeten neben den jungen Birken am Memelstrand. Die Rocksäume rutschten höher. Die Paare küßten sich in der Sonne.

Frühling! Noch nie hatte sie sich so über ihn gefreut.

Jürgen Buch
Vilnius – ein nordisches Dorf?

Im Sommer 1997 stieg ich nach über 30stündiger Reise in Vilnius übermüdet aus dem stickig-staubigen Zug mit den unbequemen Holzbänken. Zum ersten Mal in Litauen. Den Dieselgeruch der litauischen Lokomotiven in der Nase warf ich den ersten Blick auf den Bahnhofsvorplatz. Abgase, Baugerüste, bleierne Luft, drückende Hitze, gräuliche Fassaden – hatte ich wirklich hier hin gewollt? Ein Taxi zur unbekannten Adresse, dem neuen Zuhause, eine Fahrt durch unbekannte breite Haupt- und kleinere Nebenstraßen; die Häuser werden bedrohlich groß, hoffentlich hält das Taxi hier nicht an, die Häuser werden wieder kleiner, am Rand wachsen Bäume, nach rechts zweigt ein unasphaltierter Weg ab, Sand überall, dann bin ich da, wenn auch noch nicht ganz angekommen.

Vilnius ist immer dann unfaßbar, wenn man es begreifen will. Es ist die Hauptstadt, aber bei weitem nicht so litauisch wie Kaunas, vielleicht nicht einmal so modern wie die provisorische Hauptstadt Kaunas mit ihren westeuropäischen Fassaden einmal war, es ist barock und katholisch und somit vielleicht polnischer, als es heute scheint. Vilnius ist auch das Russische und vor allem das Sowjetische mit seinen Satellitenstädten und Zugewanderten, es ist das Jerusalem des Nordens und ein nordisches Dorf, Metropole und doch provinziell, die Holzhäuser und Gärten schieben sich mit Hund und Hühnern bis ins Zentrum, durch das der Präsident mit seiner Eskorte braust. Die Stadt paßt so wenig in ein Schema wie ihre Bewohner. Die neuen Reichen, die getönten Scheiben der dicken Autos, bettelnde Rentner im Regen, Menschen mit Aktenkoffern und Gitarren, Jugendliche mit Walkman, die Frauen stets mit Handtaschenspiegel versehen, um nach dem Überlebenskampf im überfüllten Trolleybus Fasson zu bewahren, stinkende Alkoholiker neben grauen Alltagsmäusen.

Wenn ich jetzt, nach zwei Jahren, wieder in den Zug steigen werde, wird am Bahnhof immer noch gebaut, auf der Strecke durch Litauen fällt man nicht mehr so sehr schaukelnd über die Bahnschwellen, zwischen der polnischen Grenze und Kaunas wird eine Bahnlinie mit mitteleuropäischer Spur gebaut. Es bewegt sich einiges im Land. Vilnius ist nicht mehr wie vor zwei Jahren. Zahlreiche neue Fassaden, neue Gehwege, neue Geschäfte, neue Restaurants. Doch die Menschen sind die gleichen mit den gleichen Unterschieden und Gemeinsamkeiten, die sie bereits vor zwei Jahren lauthals im Trolleybus oder leise im privaten Gespräch oder in einzelnen ironischen Bemerkungen äußerten. Dann trifft man Menschen aller Schattierungen, Litauer, die schon immer Partisanen gewesen sind, solche, die die Russen im Lande als den sozialen Abschaum betrachten, den die Sowjetunion in die Provinz abgeschoben hat, solche, die mehr im Jahre 1410 bei Tannenberg zu leben scheinen als im 20. Jahrhundert, jede Menge Volksmaler und -musiker oder -künstler allgemein, viele gebildete Menschen, tolerante, sympathische. Ähnliche Schattierungen finden sich auch bei Russen und Polen, die entweder Litauen, als einem kleinen verschlafenen Nest, Moskau als Kontrast entgegenhalten oder die kopfschüttelnd über die Langsamkeit der litauischen Reformen meinen, die Litauer machten den Polen doch nur alles nach.

Vor allem aber passen die Menschen, die ich hier getroffen habe, nicht in einen kleinen Text.

Hinter mir liegen zwei Jahrgänge von Studenten. Der älteste wird in diesen Tagen seine Diplome erhalten und dann der erste Jahrgang sein, der an unserem Lehrstuhl sein Studium abgeschlossen haben wird. Manche arbeiten schon jetzt, sei es als Gelegenheitsübersetzer oder Journalist, bei der Konrad-Adenauer-Stiftung oder beim Goethe-Institut. Viele hoffen auf Europa, denn wenn erst einmal Verhandlungen zwischen Litauen und der Europäischen Union anfangen sollten, so wären auch viele Übersetzer nötig.

Kurz, Litauen ist ein Land im Übergang, ein kleiner Staat, an dem vieles vorüberzugehen scheint. Als der litauische Präsident neulich die Türkei besuchte, fiel kein Wort zu der Kurdenproblematik und der gerade aktuellen Festnahme Öcalans, statt dessen berichtete man über die Mahlzeiten der Präsidentengattin. Die Uhren gehen hier, trotz mitteleuropäischer Zeit, ein wenig anders.

Hatte ich wirklich hierhin gewollt? Ja – die Sprache, die Freunde … Vielleicht klingt es nach Verklärung der Vergangenheit, doch die positiven Erlebnisse überwiegen bei weitem den Ärger über Notengebungsprobleme, über die kleineren und größeren Schwierigkeiten im Alltagsleben oder die Lethargie, die ich manchmal bei einigen Litauern zu bemerken glaubte und die meine Ungeduld zum Kochen bringen konnte.

Werde ich dorthin zurückkehren? Ja, denn die kleinen Eindrücke hier können nur streifen, was zu einer Art zweiten Heimat geworden ist.

Lorraine-Jeanette Albert
Frohe Weihnachten aus Litauen

Der Aufenthalt als Bosch Lektorin war nicht mein erster Besuch in Litauen. Schon seit vielen Jahren bin ich mit einer Familie in Kaunas befreundet, die zuerst etwas traurig war, als ich ihnen mitteilte, daß ich in Vilnius arbeiten und leben werde. Doch da die Entfernung zwischen den beiden Städten nicht so groß ist, haben wir die Gelegenheit genutzt und uns gegenseitig besucht. Durch meine vorherigen Besuche, die vorwiegend im Frühjahr und Sommer stattgefunden hatten, wußte ich schon viel über die litauische Kultur und Lebensweise. Etwas aber fehlte noch, über das mir schon berichtet worden war. So freute ich mich sehr, als ich von der Familie eingeladen wurde, mit ihnen WEIHNACHTEN zu feiern.

Am Morgen des 24. Dezember packte ich also meine Sachen, die Geschenke nicht zu vergessen. Eigentlich war mir noch gar nicht nach Weihnachten zumute. Man hat sich in Vilnius zwar bemüht, die Stadt etwas weihnachtlich zu schmücken, auch die Geschäfte hatten Weihnachtsdekoration in den Schaufenstern, doch im Vergleich zur Vorweihnachtszeit in Deutschland wirkte die Stadt nicht sehr festlich. Noch dazu gab es kaum Schnee, aber kurz vor Weihnachten Temperaturen bis –25 Grad Celsius. Da wollte bei mir nun mal keine rechte Feststimmung aufkommen.

Ich hatte das Gefühl, als einzige in Vilnius zurückgeblieben zu sein. Alle ausländischen Bekannten waren zu ihren Familien gefahren und wollten erst im Januar zurückkehren. Im Zug nach Kaunas fing ich an, neugierig zu werden: Wie feiert man in Litauen Weihnachten? In der Sowjetzeit war das Fest verboten. Dafür gab es am Silvesterabend eine größere Feier mit Geschenken. Heute nehmen alle kirchlichen Feiertage einen besonderen Platz im Leben der Litauer ein und werden ausgiebig gefeiert.

Ich wurde am Bahnhof abgeholt, und wir fuhren zu den Großeltern in ein kleines Städtchen, das ca. eine halbe Stunde von Kaunas entfernt liegt. Dort hatten sich auch andere Verwandte eingefunden. In der Ecke des Wohnzimmers stand ein kleiner, etwas spärlich, aber liebevoll geschmückter Weihnachtsbaum ... ohne Kerzen! Das war ein ungewohntes Bild: ein Tannenbaum ohne Kerzen. Besonders der Kerzenduft hatte für mich immer zu Weihnachten dazugehört.

In der Mitte des Raumes stand eine reichgedeckte Tafel. Alle suchten sich einen Platz, und es wurde ein Gebet und anschließend das Vaterunser gesprochen. Danach reichte man eine große Hostie, von der sich jeder ein Stück abbrechen konnte. Schließlich bekam jeder eine Hostie (in die jeweils ein sehr schönes Bild eingeprägt war), um sie mit jemandem zu teilen.

An Heiligabend darf man kein Fleisch essen, deshalb gab es viele Salate und Fischgerichte. Fisch in allen Variationen: roh, gebraten, in Teig frittiert, in Salat. Dazu wurden schwarzes und helles Brot gereicht. Getrunken haben wir selbstgemachten Moosbeerensaft, später noch ein Gläschen Rotwein.

Auf dem Tisch müssen sich mindestens zwölf verschiedene Gerichte befinden, die man alle wenigstens probieren muß, sonst bringt es Unglück. Als Gast wurde ich natürlich besonders gut betreut. Sobald mein Teller nur halb leer war, wurde ohne zu fragen wieder aufgefüllt. Nachdem der Hauptgang beendet war, gab es noch Mandarinenpudding. Anschließend tranken wir ein typisch litauisches Getränk, das es an Weihnachten gibt: Mohnmilch. In diese wurden kleine, ziemlich harte Gebäckstücke gegeben, die langsam aufweichten. Man konnte sie dann mit dem Löffel wieder herausfischen. zum Schluß gab es noch „Kisielius", ein Kompott, das auch nicht fehlen darf. Als ich zuletzt auch noch die selbstgebackenen Kekse probiert habe, waren alle zufrieden und das Essen beendet. Alles hatte wunderbar geschmeckt.

Jetzt ging es an die Geschenke, die in kleinerem Rahmen als in Deutschland gehalten wurden. Auch ich erhielt Geschenke, obwohl ich einige der Verwandten vorher noch nicht gesehen hatte.

Es war ein schöner Heiligabend.

Wenn mir nur vorher jemand gesagt hätte, daß dies erst der erste Teil war ...!

Ungefähr eine Stunde später saßen wir nämlich bei den anderen Großeltern in Kaunas an einer ebenso reichbedeckten Tafel. Natürlich erwarteten sie einen guten Hunger von uns, wir waren jedoch nur noch in der Lage, dies und jenes zu probieren. Daher waren sie leicht verstimmt.

Ich habe wirklich schöne und interessante Weihnachten erlebt. Ich hatte das Gefühl, daß das Beisammensein nicht zur Pflicht verkommen, sondern etwas Besonderes war, an das wir uns auch wieder erinnern sollten.

Zu Ostern war ich wieder eingeladen, doch das ist eine andere Geschichte.

Polen

Sandra Ewers

Polen im Fieber

Es fällt schwer zu beschreiben, was sich dieser Tage in Polen abspielt. Am ehesten trifft es vielleicht ein Vergleich mit Weihnachten: Wie Kinder auf die Bescherung, so freut sich wohl die Mehrheit der polnischen Bevölkerung auf die Ankunft von Papst Johannes Paul II. zu seiner sechsten Pilgerreise in Polen. Während der 13 Tage dauernden Reise vom 5. bis zum 17. Juni 1999 wird er 18 Orte besuchen, in denen er Messen abhält, Stätten weiht, Bilder krönt und Personen des öffentlichen Lebens jeglicher politischer Couleur ihm ihre Aufwartung machen werden.

Bydgoszcz steht bereits am dritten Tag auf dem Programm und ist das erste Mal Station einer päpstlichen Visite. Zwar ist Karol Wojtyła nicht das erste Mal in Bydgoszcz, denn bereits 1966 hielt er die Messe, in der in einer großen Zeremonie die Madonna mit der Rose, die Patronin Bydgoszczs, gekrönt wurde – damals war er aber

noch Erzbischof von Krakau. Das letzte Mal war Karol Wojtyła vor 18 Jahren hier, diesmal bereits Kardinal. In seiner Funktion als Papst jedoch wartete Bydgoszcz, ja die ganze Region, bislang vergeblich auf seinen Besuch. Keine der bisher fünf Pilgerreisen (1979, 1983, 1987, 1991 und 1997) führte ihn hierher. Einziger Wermutstropfen der langersehnten Visite für Bydgoszcz: Ausgerechnet mit der ungeliebten Nachbarstadt Toruń, in der sich Karol Wojtyła zudem auch noch doppelt so lang wie in Bydgoszcz aufhalten wird, muß sich die Stadt den Tag teilen. Immerhin wird er zuerst nach Bydgoszcz kommen, und hier und nicht in Toruń wird er auch die Heilige Messe zelebrieren, so daß für etwas Ausgleich gesorgt ist.

Augenscheinlichster Ausdruck der gleichermaßen weihnachtlichen Vorfreude ist wohl die Vielfalt des Fensterschmucks zu Ehren des Papstes, der seit Mitte Mai zunehmend gegenwärtig und phantasievoll ist: Fähnchen und Fahnen sowie Bänder und Blumen in rot-weiß (die Farbe Polens), weiß-gelb und gelb-blau (die Farben des Papstes) – und überall Karol Wojtyła: auf großen und kleinen Fotos und Bildern, auf selbstgestickten Gobelins und selbstgemalten Gemälden, allein und inmitten von Anhängern oder gemeinsam gar mit dem Besitzer des Fotos, bei einer Privataudienz, als Erzbischof von Krakau, als Kardinal und am häufigsten als Papst. Was die Quantität der Verzierungen anbelangt, so scheinen insgeheim Wettbewerbe zwischen den Nachbarn ausgerufen. Nicht selten trifft man auf Häuserfronten, wo kein Fenster ungenutzt blieb und beinahe alle Balkone kleinen Altären gleichen. Die Requisiten hierfür stammen zum Teil vermutlich aus der häuslichen Fronleichnamskiste, denn seit jeher ist es Brauch, die Fenster, an denen die Fronleichnamsprozession vorbeiführt, festlich zu schmücken.

Für alle anderen ist es jedoch ebenfalls ein leichtes, sich an den vielen speziellen Ständen in der Stadt und auf den Märkten, in Devotionalienhandlungen und selbst auf der Post (die offizieller Sponsor der diesjährigen Pilgerreise des Papstes ist und entsprechend auch spezielle Briefumschläge, Briefmarken und Telefonkarten herausgibt) mit entsprechendem Inventar zu versorgen. Während die Fenster zu Fronleichnam jedoch meist nur von tiefgläubigen Katholiken verziert werden, scheint anläßlich des Papstbesuchs nahezu die ganze Bevölkerung von einer wahren Dekorationswut ergriffen, an der sich außer privaten Haushalten auch Geschäfte beteiligen. Da ist Karol Wojtyła vor Kleidern, Früchten, Cremes, Schuhen, Windeln und Putzmitteln drapiert, und hier – wie in der ganzen Stadt – dienen die noch aus der Zeit vor 1989 stammenden Fahnenhalter nun statt roten und rotweißen vor allem gelb-weißen und weiß-blauen Fahnen und Fähnchen. Nicht zuletzt die städtischen Ämter und Behörden sind von der allgemeinen Ergriffenheit gepackt: Anläßlich des Papstbesuchs werden Sträucher und Blumen gepflanzt und Straßenbeläge erneuert, und auf großen Transparenten und neu installierten Leuchtschildern werden der Heilige Vater und die Pilger willkommen geheißen und dazu aufgerufen, Jesus Christus die Türen zu öffnen. Auch in den Behörden selbst, in Kindergärten, Schulen und Hochschulen ist das Warten auf den Papstbesuch nicht zu übersehen, und auch die Verkehrsbetriebe wollen nicht zurückstehen. So sind die Fahrscheine mit einem entsprechenden Aufdruck versehen, und vorne an allen Straßenbahnen und Bussen wehen kleine gelb-weiße und weiß-rote Wimpel.

Von all dem wird Papst Johannes Paul II. allerdings nichts sehen. Sein Besuch wird sich auf das Gelände des Bydgoszczer Flugplatzes beschränken. Hier wird Karol

Wojtyła gegen 9.45 Uhr am Morgen des 7. Juni erwartet, hier wird er ab 10.30 Uhr die Heilige Messe lesen und das Jesuskind auf dem Bild der Madonna mit der Rose krönen, hier wird er die Ehrenbürgerschaft der Stadt Bydgoszcz erhalten, um dann, gegen 13.15 Uhr, Richtung Toruń weiterzufliegen.

Um an der Messe teilzunehmen, ist eine Einlaßkarte unabdingbare Voraussetzung. Mit ihrer Hilfe wollen sich die Veranstalter vor allem einen Überblick über die Besucherströme verschaffen und diese in geordnete Bahnen lenken. Eine solche Einlaßkarte ist kostenlos bei allen Pfarrämtern zu erhalten, gleichwohl der Priester ein Auge darauf hat, wenn er eine Karte aushändigt und auch schon mal strafend anmerkt, daß der letzte Besuch in der Kirche wohl schon ein Weilchen her sei, wenn ihm das Gesicht seines Gegenübers gar zu unbekannt erscheint. Auf der Einlaßkarte ist vermerkt, in welchem der 165 Sektoren, die sich muschelförmig vor dem Altar erstrecken, man sich zur Messe einzufinden hat. Zusammen mit der Einlaßkarte kann man für 7 Złoty ein sogenanntes Pilgerset erstehen, in dem ein Lageplan, ein Gebets- und ein Gesangsbüchlein sowie ein vom Sektor abhängiges, farbiges Halstuch enthalten sind. Während letzteres bei der Ankunft, während der Messe und bei der Verabschiedung des Papstes für ein farbenprächtiges Bild aus flatternden Tüchern sorgen soll, sind Gebets- und Gesangsbuch vor allem für die Zeit vor der Ankunft des Papstes bestimmt. Bereits um 3.00 Uhr in der Frühe werden die Pforten zum Flugplatzgelände geöffnet. Man rechnet mit einem ersten großen Andrang gegen 4.00 Uhr. Um 8.30 Uhr werden die letzten Tore zum Flugplatzgelände aus Sicherheitsgründen geschlossen. Damit die Pilger während der Wartezeit nicht sich selbst überlassen bleiben, beginnen um 6.00 Uhr die gemeinsamen Vorbereitungsgottesdienste, die bis zur Ankunft von Papst Johannes Paul II. fortgesetzt werden.

Der „Schatz des Pilgers“, der seit dem 26. Mai täglich als Beilage des Lokalteils der *Gazeta Wyborcza* erscheint, hält neben einem farbigen Großfoto Karol Wojtyłas sämtliche den Papstbesuch betreffenden Informationen bereit. Hier erfährt der Besucher zum Beispiel, wie der geplante Ablauf des Papstbesuches in Bydgoszcz aussieht, welche Geschenke der Papst erhalten und wer sie ihm aushändigen wird. Außerdem geht es aber auch um ganz praktische Informationen: Wie ist am 7. Juni das Flugplatzgelände am besten zu erreichen, wo sind Parkplätze eingerichtet, welche öffentlichen Verkehrsmittel bringen den Besucher zum Ziel, welche geistliche, medizinische und sanitäre Versorgung stehen ihm zur Verfügung. Außerdem hat die Stadtverwaltung eine telefonische Hotline eingerichtet, die man bei allen Fragen zum Papstbesuch anwählen kann. Diese wird, anders als die meisten anderen öffentlichen Einrichtungen, auch am 7. Juni rund um die Uhr besetzt sein.

Ein ungewöhnliches Bild am frühen, verregneten Montagmorgen: Beladen mit Klappstühlen, Plastikplanen und vollbepackten Rucksäcken in Übergröße wandern kleinere und größere Menschengruppen durch die Straße Richtung Bushaltestelle. Das Ungewöhnlichste ist die Redseligkeit zu dieser Stunde und die trotz des Regens freundliche Stimmung, in der man gemeinsam auf den nächsten Bus wartet, der wie der vorangegangene ebenfalls bereits überfüllt ankommt. Einmal in den Bus gelangt, fährt man dafür direkt zu einem der Tore des Flugplatzgeländes, denn um die Besucher zu ermuntern, an diesem Tag auf das Auto zu verzichten, ist die Benutzung der öffentlichen Verkehrsmittel heute nicht nur kostenlos, sondern fast alle Busse und Straßenbahnen fahren auch Sonderstrecken, die in die Nähe des Flugplatzes führen. Vor dem Tor, in dessen Richtung man sich in einem nunmehr dichten Menschenstrom schiebt, gibt es an kleinen Ständen Getränke, Obst und Grillwürstchen sowie Fähnchen, Anstecknadeln und T-Shirts mit dem Porträt des Papstes oder auch Madonnen zu kaufen. Nachdem man sich durch eines der Tore geschoben hat, muß man, abhängig davon, von welcher Seite man das Flugplatzgelände betritt, noch bis zu 4 km Strecke zum Festplatz zurücklegen. Weithin sichtbar der beiderseits von romanischen Säulennachbildungen gesäumte, 30 Meter hohe Altar, an dem bereits seit April gebaut wurde. Um 7.00 Uhr sind die vorderen Sektoren vor dem Altar bereits gut gefüllt. Ganze Familien haben sich häuslich niedergelassen und versorgen sich mit mitgebrachten belegten Broten und heißem Tee. Von allen Seiten strömen immer mehr Besucher auf den Flugplatz. Den Vorbereitungsgottesdiensten, die bereits begonnen haben, folgen die wenigsten der Anwesenden. Statt dessen wird der Altarbereich aus der Nähe betrachtet, auch wenn man schon jetzt nur mit einer entsprechenden Einlaßkarte nach ganz vorne durchgelassen wird. Etwas abseits des Festplatzes nehmen Priester im Stehen die Beichte ab.

Ab 8.30 Uhr heizt sich die Stimmung immer weiter auf. Am Mikrophon ein Priester, der die Rolle eines Animateurs übernommen hat und nicht nur Lieder anstimmt, die gemeinsam gesungen werden, sondern auch die verschiedenfarbigen Halstücher der Pilger in den jeweiligen Sektoren dirigiert und Sprechchöre trainiert. Dreimal sollen die von ihm ausgegebenen Parolen von den Besuchern wiederholt werden, und so schallt, anfangs noch zögerlich, bis gegen 9.40 Uhr, als am Himmel endlich der Hubschrauber des Papstes zu erspähen ist, ein immer kräftiger werdendes, vielstimmiges „Es lebe der Heilige Vater", „Heiliger Vater, wir warten auf Dich", „Wir sind bei Dir, Heiliger Vater" und „Heiliger Vater, wir lieben Dich" über das Festtagsgelände.

Inzwischen hat es aufgehört zu regnen, und die Menge, 600 000 Menschen aus der ganzen Region, wartet ungeduldig darauf, die langersehnte Hauptperson des Tages aus der Nähe zu sehen. In seinem Papamobil fährt Karol Wojtyła durch die Reihen der Besucher Richtung Altar. Die Sprechchöre schwellen zu einem enthusiastischen Meer aus Jubel an. Junge Leute, denen es gelungen ist, auf die Sektorenbegrenzungen zu steigen, informieren die anderen darüber, wie weit der Papst noch entfernt ist. (Ergebnis dieser und späterer Kletteraktionen: mehrere gebrochene und verstauchte Arme und Beine.) Während des kurzen Augenblicks seiner Vorbeifahrt ist vor lauter Halstüchern, Fähnchen und Transparenten dann allerdings kaum etwas zu sehen.

Noch bevor Karol Wojtyła den Altarbereich betritt, strömen die Besucher der hinteren Sektoren nach vorne – sehr zum Ärger der Besucher in den vorderen Sektoren, die zum Teil bereits um 3.00 Uhr gekommen sind, um sich der guten Sicht wegen einen Platz dicht an der Sektorenabgrenzung zu sichern. Davon kann nun jedoch keine Rede mehr sein, denn das einzige, was den Sicherheitskräften gelingt, ist, die in Richtung Altar drängenden Menschen dazu zu bewegen, zumindest die Mitte der Wege zwischen den Sektoren einigermaßen freizuhalten, so daß im Notfall ein Krankenwagen hindurchfahren kann. Heftige Diskussionen der Besucher innerhalb und außerhalb der Sektoren führen dazu, daß beinahe der Auftritt Papst Johannes Paul II. versäumt wird.

„Geheiligt seien die, die für die Gerechtigkeit unter Verfolgung leiden." Diese Worte aus dem Markusevangelium leiten die folgende Messe ein, in der der Papst die besondere Bedeutung dieser Worte für Bydgoszcz hervorhebt. Fanden doch hier Anfang September 1939 die ersten öffentlichen Erschießungen durch die Nationalsozialisten statt, wurde im selben Jahr ein Großteil der polnischen Bydgoszczer Intelligenz im „Tal des Todes" ermordet, wirkte hier einer der Märtyrer des Zweiten Weltkriegs, Michał Kozal, und wurde doch später, direkt nach einem Besuch in Bydgoszcz im Herbst 1984, der Priester Jerzy Popieluszko vom polnischen Geheimdienst ermordet.

Zum Altar oder zu einer der großen Videowände hingewandt, auf der die Messe dank des staatlichen polnischen Fernsehens von Nahem zu verfolgen ist, lauscht ein Teil der Anwesenden andächtig der Messe. Für andere hat der Papstbesuch eher den Charakter eines langersehnten Rockkonzerts, bei dem man durch die Menge wandelnd die angeregte Atmosphäre auf sich wirken läßt, wo man den Star des Tages von möglichst nahe sehen, und ihm, auch während des Konzerts, seine Ehrerbietung durch Sprechchöre entgegenbringen möchte.

Schon in den öffentlichen Gottesdiensten der vorigen Tage waren Karol Wojtyłas Worte nach dem offiziellen Teil mit Spannung erwartet und mit Jubel aufgenommen worden. Er hatte sich hier direkt und ohne Vorlage an die Menge gewandt und verstand es vorzüglich mit ihr zu kommunizieren. Auch in Bydgoszcz gelang ihm dieser Schritt: Seine erste Kajaktour auf der Brda im Jahre 1953 erinnernd, wo es ihm und seinen Freunden so gut gefiel, daß sie beschlossen, nicht weiter nach Bydgoszcz zu fahren, fügt er hinzu „und nun sind wir doch gekommen". „Bleib bei uns!" erschallt daraufhin ein Sprechchor aus 600 000 Kehlen. Und auf den Einwand, daß dies schwierig sei, da am anderen Ufer der Weichsel bereits Toruń auf ihn wartete, antwortete ihm die Menge: „Die warten!" Und obwohl er ihr lächelnd recht geben muß, fliegt er bereits eine Viertelstunde später Richtung Toruń weiter.

Die Plakatwände, von denen die Wochen zuvor Karol Wojtyła den Passanten entgegengelächelt hat und die verkündet haben, daß Bydgoszcz auf den Heiligen Vater wartet, werden bereits am Tag nach der Messe auf dem Flugplatzgelände mit Zigarettenwerbung überklebt. Nach weiteren zwei Tagen verschwinden die riesigen über die Straßen gespannten Spruchbänder in der Stadt. Der Fensterschmuck nimmt langsamer ab. Der Papst bleibt allgegenwärtig. Seine Pilgerreise wird vom Fernsehen, in dem Messen und Treffen mit Papst Johannes Paul II. live übertragen werden, und Zeitungen, die den Wortlaut seiner Predigten zu großen Teilen abdrucken, bestens dokumentiert. Außerdem spekulieren die Medien, was Karol Wojtyła sagen und tun wird, sie kommentieren die Bedeutung dessen, was er gesagt und nicht gesagt, getan und nicht getan hat, und informieren über weitere geplante Stationen der Pilgerreise und über Abweichungen von geplanten Zielen und geben zudem detaillierte Wettervorhersagen für den nächsten Aufenthaltsort des Papstes.

Während Papst Johannes Paul II. bislang im allgemeinen davon absieht, strittige politische Themen zu berühren und sich darauf beschränkt, allgemein zu Solidarität und Mitgefühl mit den Mitmenschen aufzurufen und die Armen in der Gesellschaft nicht zu vergessen, machen die Vertreter aller Ebenen der staatlichen Macht, gleich welcher politischen Richtung, Karol Wojtyła ihre Aufwartung und sind bemüht, sich möglichst oft in seiner Nähe zu zeigen. Präsidentschaftswahlen sind im nächsten Jahr, Parlamentswahlen in zwei Jahren, Wojewodschaftswahlen erst in drei Jahren, aber angesichts der Popularität des Papstes kann man sicher sein, daß gemeinsame Auftritte – oder fehlende gemeinsame Auftritte – zumindest im Unterbewußtsein haften bleiben. So stach vor allem das kühle Verhalten der Parlamentariergruppe um den erzkatholischen Radiosender *Radio Maryja* im allgemeinen Jubel, mit dem alle Äußerungen, ja, jede Geste von Papst Johannes Paul II. während seines Besuches im Sejm bedacht wurden, hervor. Der Sender wird wegen antiwestlicher und vor allem antisemitischer Äußerungen zunehmend auch in Kirchenkreisen kritisiert. Als der Papst den Weg der europäischen Integration Polens lobte, blieben die Abgeordneten im allgemeinen Beifall regungslos auf ihren Plätzen sitzen.

Trotz des hohen Ansehens des Papstes und der Auffassung, daß ihm überall ein würdiger Empfang bereitet werden muß, sind in der Bevölkerung zunehmend Stimmen zu hören, die die Ausmaße des Aufwands, den die örtlichen Politiker für die wenigen Stunden der Anwesenheit Karol Wojtyłas an einem Ort betreiben, kritisieren. Angesichts großer Armut in einigen Landesteilen stehen für viele der Aus- und Neubau von Straßen oder die Renovierung von Häuserfronten (gleich Potemkinschen Dörfern, denn die Rückseiten verbleiben im vorherigen Zustand), die der Papst auf seiner Durchreise eventuell zu Gesicht bekommen wird, in keinem Verhältnis dazu.

Im übrigen festigt sich der Eindruck, daß Karol Wojtyła sich verabschiedet. In den Masuren, wo er in seiner Jugend oftmals die Ferien verbrachte, legte er den einzigen freien Tag dieser Reise ein. Einen Spontanbesuch bei einer Familie dort in der Nähe beendete er mit den Worten: „Ich bin das erste und letzte Mal hier gewesen." Mit größter Wahrscheinlichkeit wird kurzfristig doch noch ein Stop in Częstochowa/Tschenstochau ins Programm aufgenommen, wo der Papst das Nationalheiligtum Polens, die Schwarze Madonna, besuchen wird. Am vorletzten Tag wird er seinen Heimatort Wadowice, südwestlich von Krakau, aufsuchen. Den Abschluß der Pilgerreise von Karol Wojtyła soll, soweit das Wetter es zuläßt, ein Rundflug über die Tatra, ebenfalls Erinnerungen an seine Jugendjahre, bilden.

Als große Verabschiedung scheinen auch viele der Polen, die zu den öffentlichen Treffen mit Papst Johannes Paul II. strömen, die Reise zu verstehen. „Ein letztes Mal" wollen sie die wohl größte, vielleicht einzige Autorität Polens sehen. Woher dieses Ansehen? Für viele rührt die Ehrerbietung, die sie Papst Johannes Paul II. entgegenbringen, noch aus seiner frühen Amtszeit. Die Kirche spielte in Polen seit jeher eine große Rolle, wenn es um den Zusammenhalt der Nation ging. Kirche verkörperte neben religiösen gleichzeitig auch patriotische Werte. Die Wahl Karol Wojtyłas 1978 zum Papst, als erstem Nicht-Italiener nach 455 Jahren, bedeutete für viele Polen eine Würdigung der polnischen Nation als Ganzes. Und in der Tat rückte Polen und mit ihm vielleicht ganz Osteuropa stärker in das öffentliche Bewußtsein Westeuropas.

Der Widerstand gegen die kommunistische Regierung formierte sich im Polen der siebziger und achtziger Jahre vor allem auch in kirchennahen Kreisen. Diese Tendenz wurde durch die Unterstützung Papst Johannes Pauls II. für die Bürgerbewegung *Solidarność* noch verstärkt. Vor allem seine Pilgerreisen 1979 (direkt im Folgejahr seiner Wahl), 1983 (noch während des Kriegszustands) und 1987 sind noch in wacher Erinnerung. Hier machte er immer wieder direkte und indirekte kritische Anmerkungen zur politischen Realität Polens und unterstrich dabei fortwährend seine Zugehörigkeit zur polnischen Nation.

Die klare Stellungnahme für die politische Opposition in diesen Jahren trägt ihm noch heute große Sympathie und Achtung auch derjenigen ein, die die jetzige Rolle der polnischen katholischen Kirche eher skeptisch sehen.

Polen bereitet dieser Tage seinem weltweit zweifellos berühmtesten Sohn, dem außerdem nahezu durch die ganze polnische Bevölkerung großer Respekt entgegengebracht wird, einen eindrucksvollen Empfang – und Abschied zugleich. Karol Wojtyła seinerseits spürt ebenfalls, so hat man den Eindruck, daß dies seine letzte Reise in die Heimat ist. Der nächste Papst wird, soviel ist wohl sicher, kein Pole sein. Wenn Karol Wojtyła geht, wird das in der polnischen Gesellschaft eine große Lücke reißen. Die Chance, eine ihm vergleichbare Autorität im heutigen Polen zu finden, scheint klein.

Anke Huckauf

Die Entwicklung einer Freundschaft – drei Episoden einer Annäherung

Aller Anfang ist schwer: Erste Eindrücke

An meinen Füßen hängt Schnee, und auf meinem Kopf sind die Haare zu lang. Ich gehe zum ersten Mal in Polen zum Friseur. In dem Salon ein betriebsames Gemisch aus Friseurinnen, Omis und jüngeren Frauen. Man lotst mich auf einen Stuhl, und eine Dame fängt an, an mir zu arbeiten. Irgendwann läßt einer die Tür offen. Draußen sind es –17 °C, drinnen haben wir nasse Haare. Der ignorante Türöffner stürmt auf eine Omi zu und redet wirr auf sie ein. Ob sich wohl irgend jemand für die Tür verantwortlich fühlt? Er hat Kleidung am Leib, die diesen Namen schier nicht mehr verdient, und blickt mitten im Satz an die Decke. In dieser Haltung redet er weiter; ein Gebet zur Decke eines Friseurladens. Warum kümmert sich denn niemand weder um den Kerl noch um die Kundin, die direkt vor diesem Mann sitzt und nicht weiß, wohin sie schauen soll, noch um die Tür??? Irgendwann ist der Betende verschwunden. Endlich schließt meine Friseurin die Tür. Nahtlos scheint der vorherige Trubel weiterzugehen.

Mein Heimweg führt vorbei an grauen Häusern mit unendlich düsteren Eingängen und bröckelndem Putz. So es sich nicht um Plattenbauten handelt, kann man teilweise noch Einschußlöcher erkennen. An der Trambahnhaltestelle vertreibt einer böse Geister vor seinen Augen. Er schlägt sich dazu immer mitten ins Gesicht, hält inne, wenn er sich beobachtet fühlt. Er hat nur eine dünne Jacke am Leib. In der Tram ist es matschig und muffig; aus den Ritzen schneit es rein. Als der Schaffner bremst, reißt mir etwas die Beine weg. Es riecht nach Bier, Urin und Mensch, es lallt und liegt nun im Dreck. Die Omi auf ihrem Sitz wendet ihr Gesicht ab, und das kleine Mädchen dahinter sammelt erste Lebenseindrücke. Ich zerre meine Tasche unter dem Bündel hervor. Der Kerl hat eine blutverkrustete Platzwunde im Gesicht.

Ich gehe nach Hause, habe ein riesiges Bedürfnis nach Sauberkeit. Vor dem Duschen bringe ich noch den Müll weg. Herrenlose abgemagerte, räudige Köter rennen sich warm. In den Mülltonnen wühlt ein alter Mann. Als er meine Schritte hört, geht er ein Stück weg, als wolle er mir nicht noch mehr zumuten. Kann einmal Duschen das alles abwaschen? Das Wasser, das aus dem Hahn kommt, hat einen Ölfilm.

Bei näherer Betrachtung: Nächtliche Reflexionen über eine sonderbare Beziehung

Es ist dunkel draußen, wie fast immer hier um diese Jahreszeit. Ich sitze in einer Kellerkneipe. Drinnen gibt es auch nicht mehr Licht, dafür ein sich hingebendes Liebespaar vor einer auf englisch getrimmten telefonlosen Telefonzelle, eine einsame E-Dartscheibe, die ab und zu durch eine scheppernde Dudelei auf sich aufmerksam macht, ebenso einsame Tische und einen feiernden Wirt, der uns zwei nicht-küssenden Gästen Tequila spendiert und dazu passenderweise einen Sombrero trägt. Warum wir uns hier in dieser unwirtlichen Gegend aufhielten, will er wissen. Ich bin skeptisch. Üblicherweise wollen Polen doch hören, daß bei ihnen alles wunderbar ist und schon fast genauso wie bei uns im ach so goldenen Westen. Was ich, aus Furcht vor einem dieser vielen Fettnäpfe, zu Beginn eines Gesprächs auch immer bereitwillig, wenn auch recht kurz, freundlich benicke. Wir ignorieren die Bemerkung und erklären, daß wir hier arbeiten.

Nun wird auch der Wirt skeptisch. Er rückt erstmal einen Wodka raus. Der Sombrero wirkt immer absurder. Und dann purzelt es aus ihm heraus: Die Deutschen, die freiwillig hierher kommen, seien doch alle verrückt. Auch er nimmt – trotz der großen Hutkrempe und der vielen Tequilas – den Fettnapf wahr und lenkt ein: Zumindest er verstehe das nicht. Das Gespräch holpert weiter und verirrt sich in Auskünften über das schier nicht vorhandene Nachtleben im Winter und die Qualität verschiedener Wodkas. Ich lasse die Fachleute simpeln und vernehme, daß mein deutscher Begleiter wenig, der polnische Wirt unerhörterweise schwedischen Wodka bevorzugt.

Ich sinniere weiter. Die Frage scheint ja durchaus berechtigt – was mache ich eigentlich hier? Nach einem weiteren Wodka befinde ich, daß die Bedenken des Wirts gerechtfertigt sind. Die Deutschen, die sich aufmachen gen Osten, sind tatsächlich recht speziell. Die einen kommen, den wilden Osten zu suchen. Romantisch-verklärt auf die Ursprünglichkeit der ach so freundlichen Ostler blickend und getrieben vom Mitleid über diese im Westen nicht geschätzten Kulturen finden sie alles wundervoll. Einschließlich der maroden Bausubstanz, der 18jährigen Eltern katholisch gewollter Kinder und des Gestanks von Zweitaktmotoren und Kohleheizungen. Andere suchen ihr finanzielles Glück – sie sind beflügelt von der Idee, gute Geschäfte zu machen oder einfach nur mal so richtig die Sau rauszulassen. Wo kann man sich denn sonst so nah und für so wenig Geld mit schönen Frauen, Alkohol und Waren eindecken? Wieder andere wollen endlich ihre alten Stätten reanimieren. Schließlich gehört dieses Fleckchen Erde doch irgendwie zu uns, und man sieht mit Wehmut im Herzen, wie unsere schönen Gebäude in dieser glücklicherweise vergangenen Zeit verfallen sind. Und bevor auch in Polen alles amerikanisch geprägt wird, könnten wir vielleicht hier gegen die Übermacht der amerikanischen Lebensunart ankämpfen. Wo wir es doch zu Hause schon nicht geschafft haben. Egal, was sie treibt, kleine Retter sind alle. Wir wissen doch alle, wie man es richtig macht. Wenigstens das haben wir schließlich in den letzten fünfzig Jahren gelernt. Und so lassen sich über Straßenzustände und Kriminalitätsraten prächtige Witze machen, die von einer Mischung aus Mitleid, Besserwisserei und Unwohlsein gespeist werden. Wie praktisch, daß man dabei auch noch von Verkäufern und Kellnern verstanden wird.

Und die armen Polen, die von dieser Meute heimgesucht werden? Sie geben ihrerseits mit untertänigem Verhalten sogenannte Kulturgüter wie bedruckte Kaffeebecher, staubfangende Bernsteinbäumchen und herzförmiges Steingutgeschirr an die so genannten aber gar nicht Schweigenden (Der Deutsche heißt auf Polnisch „Niemiec“, was sprachverwandt ist mit dem polnischen Wort für „schweigend“/„stumm“.) weiter; gegen viel Geld, versteht sich. Selbst die pubertierenden Gauner, die sich großzügig an den Autos und Handtaschen der Heimwehtouristen bedienen, lernen schnell die Vorteile der Grenzöffnung schätzen. Taxifahrer spezialisieren sich auf deutsche Touristen. Und auch der polnische Schriftsteller, der den deutschen Mittelstand auf den Spuren von Günter Grass durch die Stadt führt und einen verhohlenen Kulturimperialismus selbst bei DGB-

Reisegruppen beklagt, hat ein gutes Auskommen trotz stagnierender Verkaufszahlen seiner Bücher. Genau wie die Hebamme, die nun dank ihres Deutschlandaufenthaltes ohne Umschulung in Tourismus macht und die kurzen Kommentare aus den hübschen Reiseführern nacherzählt. In jahrelanger Tradition spielt man das Spiel „Arbeiten-gehen" mit dem Ziel, möglichst viele Geschäfte nebenbei zu absolvieren – dank der deutschen Firmen am Ort allerdings nun für ein fürstliches Gehalt. Sie alle lachen sich schelmisch ins Fäustchen.

Und so versteht man sich am Ende doch, vereinigt im milden Lächeln über die Naivität des anderen. Auch wir verbrüdern uns noch mit dem Wirt, indem wir uns inspiriert vom Wodka gegenseitig versichern, daß WIR doch alle glücklicherweise ganz anders sind, und ziehen dann, großzügig über die Leere der Straßen bereits um 22.00 Uhr hinwegsehend, mit dem guten Gefühl, etwas für das Ansehen unserer Landsleute getan zu haben, nach Hause.

Eingewöhnung: Ein neues Lebensgefühl?

Ich bekomme Westbesuch. Am Bahnhof werde ich ihn abholen. Schon im Vorfeld gibt es Fragen: „Was soll ich dir denn mitbringen – was vermißt du denn?" Staunend überlege ich, welche Vorstellungen ich wohl anfangs hatte. „Was, wenn der polnische Zug Verspätung hat?" Tja, was schon, frage ich mich belustigt, dann warte ich wohl länger. Mit vielen anderen, fast alle Blumen tragend, stehe ich am Bahnsteig. Ein humorvolles Geplänkel um die Pünktlichkeit der polnischen Bahn entwickelt sich. Fast schon enttäuscht nimmt man die nur fünfminütige Verspätung zur Kenntnis. Anschließend begeben wir uns an den Taxistand. Dort warten schon begierig einige Gauner auf die angekommenen Deutschen, um ihnen ihre Fahrt zu völlig überhöhten Preisen anzubieten. Anfangs habe ich sie manchmal gerettet, jetzt mustere ich sie und weiß: Sie haben's schließlich. Mein Besuch wirft begehrliche Blicke auf die langen polnischen Frauenbeine, deren Ansatz nur unzureichend von einem Läppchen Stoff verdeckt wird. Wir fahren durch die Stadt. Mein Besuch will alles sehen, was anders ist. Mir fällt irgendwie nichts ein, was ich zeigen könnte.

Wir wollen Busfahrkarten kaufen. Die Verkäuferin an ihrem Schalter führt gerade ein wichtiges Privatgespräch. Es geht um Kommunionsanzüge. Solche Fahrkarten? Gibt es nicht! Mein Besuch wendet sich mißmutig zum Gehen. Ich bleibe stehen. Nach einer Viertelstunde sind wir um zwei Fahrkarten reicher und um das Wissen, daß nun schon der dritte Enkelsohn der Schalterdame zur Kommunion geht. Nach noch einmal fünf Minuten kann sie auch rausgeben.

Abends ein Gespräch mit einem polnischen Bekannten. Seit er keinen Leistungssport mehr treibt, hat er sich einen Musikladen zugelegt und verkauft nun CDs. Ausbildung, Umschulung, Weiterqualifizierung, tönt es aus deutschem Mund. Abwarten, Ausprobieren, Augen offen halten, klingt das auf polnisch. Mein Besuch weiß es besser und beginnt zu diskutieren. Der polnische Bekannte findet das lustig. Ich hole vorsichtshalber schon mal den Versöhnungswodka. Wie kann man nur so rechthaberisch und unsensibel sein, rumort es altklug in meinem Hirn. Und beglückt stelle ich fest, daß ich ungeahnterweise wohl tatsächlich etwas gelernt habe. Was das wohl ist? Schwer zu sagen. Daß ich verwöhnt und deutsch bin? Bestimmt. Oder daß ich mir vorstellen kann, hier zu leben? Ohne Frage. Oder daß ich lange warten kann? Naja.

Aber vielleicht habe ich auch einfach drei Tatsachen über Polen kennengelernt; und zwar, daß der Papst und die Jungfrau Maria hier etwas bewirken, daß die polnischen Frauen mit den polnischen Männern zurechtkommen und daß immer alles Wechselgeld verschwindet – allerdings, wie das alles genau geht, wird mir wohl immer ein wenig unklar bleiben.

Hans-Joachim Hahn
Nacht- und Taggedanken zu Kielce

Bevor ich nach Kielce kam, hatte ich davon gehört, von Kielce als einem Synonym für polnische Provinz und als jenem Ort, wo im Juli 1946 das größte – es hat mehrere gegeben – antisemitische Pogrom nach dem Ende des Zweiten Weltkriegs und des Nationalsozialismus stattfand, bei dem 42 Überlebende des Holocaust ermordet wurden. Selbst aus dem Land stammend, in dem der Holocaust geplant und vorbereitet wurde, um ihn dann an anderer Stelle, vornehmlich in Polen, umzusetzen, wurde mir hier – als Lektor der Robert Bosch Stiftung mit der hehren Aufgabe betraut, für ein Jahr als Kulturvermittler eben dieses Landes zu wirken – schon vorab der wacklige Boden bewußt, auf dem ich zu Beginn meiner Tätigkeit stand. Bei meinen Reisen durch Polen ist es wie in einer zynischen Variante der Hase-und-Igel-Parabel: Überall stoße ich auf die Spuren deutscher Tätigkeit, die gerade einmal zwei Generationen zurückliegt und bei der Deutsche mit großer Selbstverständlichkeit ihrem Verständnis von Kulturvermittlung nachgegangen sind. Weil Kielce durch das Pogrom von 1946 zunächst – bevor ich die Stadt selbst überhaupt betreten hatte – als Chiffre für Antisemitismus steht, ist mir dadurch eine Beschäftigung mit den komplizierten deutsch-polnisch-jüdischen Beziehungen aufgegeben.

Es liegt auf der Hand, daß der heutige polnische Antisemitismus nicht unter Auslassung des Holocaust betrachtet werden kann. Auch Polen war Opfer der deutschen Aggression. Auch Polen sind in Auschwitz und anderen Vernichtungslagern ermordet worden. Kommt man heute aus Deutschland nach Polen und ist über den zielgerichteten Vandalismus entsetzt, in dessen Zuge erst im Januar 1999 zum wiederholten Male über 50 Gräber eines jüdischen Friedhofs in Krakau geschändet wurden, ist die Erinnerung an die Anschläge auf das Grab von Galinski (Heinz Galinski war langjähriger Vorsitzender des Zentralrates der Juden in Deutschland) auf dem jüdischen Friedhof in Berlin Weißensee wichtig, um sich nicht wohlfeil hinter der erleichternden Vorstellung verstecken zu können, im heutigen Deutschland gäbe es etwa keinen Antisemitismus mehr oder wenn, dann einen viel harmloseren.

Bevor ich hierher kam also kannte ich Kielce nur als Erinnerung an den Zivilisationsbruch, den der Holocaust bedeutet, und diese gehört zum Gepäck des Kulturvermittlers aus Deutschland wie die Zahnbürste. Mit der kam ich hier an und wurde vom Bahnhof abgeholt und bei meinen „Chefs" zum Essen eingeladen. Es war ein sehr persönlicher und herzlicher Empfang, und ich fühlte mich sehr schnell wohl in dieser Stadt.

Dazu kamen weitere Eindrücke: Menschen, mit denen ich hier gearbeitet habe, die mich zu sich einluden und die mir ihr Kielce zeigten – was wichtiger noch ist als meine eigenen Ausflüge in die Umgebung und der Besuch von Sehenswürdigkeiten wie dem Zisterzienserkloster in Wachock zum Beispiel oder dem Kielcer Bischofspalast auf dem Hügel im Stadtzentrum.

Von einigen Menschen könnte ich erzählen: Von Hanna zum Beispiel, die als Englischlehrerin an einer Sprachschule arbeitet, und die ich eine Zeitlang unterrichtet habe. Hanna lebt mit ihrem Mann in einem der schönen alten Holzhäuser an einer vielbefahrenen Straße. Ihr Großvater, der früher ein Sägewerk besessen hat, bis er in den fünfziger Jahren enteignet wurde, hat das Haus gebaut. Jetzt soll es einer Verbreiterung der Straße weichen. Hanna und ihr Mann überlegen, ob sie es nicht abtragen und an anderer Stelle wieder aufbauen sollen. Dafür suchen die beiden seit einiger Zeit ein Grundstück in der Nähe von Kielce auf dem Land.

Mir fällt ein Nachbar im Block in der Ulica Piekoszowska ein, der mich bei unserer ersten zufälligen Begegnung im Hausflur auf eine mir etwas unangenehme, sehr direkte Art darüber befragte, wo ich wohne und was ich hier mache. Als ich ihm schließlich auch erzählte, daß ich an der Schule in der Ulica Karczówkowska Deutsch unterrichte, war er sichtlich zufrieden und beendete unserer kurzes Gespräch mit der – mich erneut leicht irritierenden – Auskunft, daß man nie wisse, ob so ein Kontakt nicht einmal nützlich sein könnte. Er ist dann später nie wieder darauf zurückgekommen, obwohl ich ihn noch das eine oder andere Mal im Treppenhaus freundlich grüßend antraf.

Oder zum Beispiel der Informatiker R., der mir die Software auf einem Computer installierte, den mir die Schule zur Verfügung gestellt hatte. Fünf Stunden lang saß er vor dem Bildschirm, um mir auch die Internet-Software zu installieren. Währenddessen versuchten wir, uns radebrechend auf Polnisch über unsere jeweilige Situation zu unterhalten. Das war ziemlich anstrengend und zeigte mir sehr anschaulich *die Grenzen meiner Welt*, die mir durch die neue Sprache gesetzt sind: Ich konnte nur erzählen, wo ich herkomme, wo in Deutschland ich wohne und konnte ihm etwas zu trinken und zu essen anbieten. Der sprachliche Lernprozeß mit der wichtigen Erfahrung neuer, eigener *Sprachlosigkeit* sollte in diesem Falle noch um eine kulturelle Erfahrung erweitert werden. Nachdem schließlich irgendwann – nach einem zweiten, nötiggewordenen Hausbesuch – der

Computer endlich funktionierte, wollte ich mich bei R. bedanken. Ich wußte, daß R. diese ganze Arbeit in seiner Freizeit für mich verrichtet hatte. Als ich ihm dafür – eher symbolisch – eine Flasche Whiskey mitbrachte, wurde er ziemlich wütend. Ratlos habe ich die Flasche wieder mitgenommen und inzwischen mit Freunden, die mich in Kielce besuchen kamen, getrunken.

Wenn ich jetzt am Ende meiner Zeit in Kielce über das vergangene Jahr nachdenke und spät in der Nacht eine mögliche Hierarchie der Ereignisse aufzustellen versuche, die mein jetziges Bild von der Stadt und ihren Bewohnern ausmachen, dann sehe ich mich scheitern. Nichts Großartiges ist passiert, ich habe dort gelebt, bin in verschiedene Cafés gegangen und habe von ein paar Leuten etwas über ihre Lebensbedingungen erfahren. Von Ewa aus einem Konversationskurs etwa, die als Krankenschwester in Kielce von ihren etwa 300,– DM Monatsgehalt nicht leben konnte und jetzt in eine deutsche Großstadt gegangen ist, um dort in einem Altenheim zu arbeiten. Oder von Stasia, der droht, daß ihre Firma Pleite geht. Von meinen Kollegen, die 40 und mehr Stunden unterrichten, um sich für die Zukunft etwas aufzubauen …

Neulich sagte ein Bekannter, dem ich in Berlin davon erzählte, daß ich in Kielce unterrichte, zu mir, er habe schon von Kielce gehört, da käme doch der polnische Rap her. Und richtig: Auch Rap gibt es in der Stadt mit der üblen Geschichte. Und – die Stadt ist immerhin nicht ganz erinnerungslos: An der Stelle, wo das Pogrom stattgefunden hat, hängt seit 1991 eine Gedenktafel, und auch an der ehemaligen Synagoge, die heute das Stadtarchiv beherbergt, wird an die frühere jüdische Gemeinde erinnert.

Katharina Stoll
Hanysy und Gorole – Fritze und Helmuty

Hamburg, im Dezember 1997: Meine Schwester steht am Bus, der sie zu mir nach Katowice bringen soll. „Dokad?" fragt der Busfahrer sie; doch schnell merkend, daß sie kein Wort Polnisch versteht, fügt er auf Deutsch hinzu: „Wohin?" „Nach Kattowitz", antwortet sie und wartet auf ihren Gepäckschein, doch der von einem Mißverständnis ausgehende Mann berichtigt sie: „Sie meinen nach Krakau." Nachdem sie noch einmal Kattowitz als Fahrziel angab und mit der Frage: „Sind Sie sicher?" konfrontiert wird, ist auch meine Schwester irritiert, und so mag eher das geschriebene Wort auf ihrem Ticket als ihr wiederholtes „Kattowitz" den Busfahrer überzeugt haben.

Ähnlich mußten sich auch Freunde in Deutschland erklären, die erzählten, eine Woche ihres kostbaren Urlaubs in Kattowitz verbringen zu wollen. „Katowice ist nicht gerade der Ort, den man gesehen haben muß...", lautet dann auch der erste Satz in meinem Reiseführer; „Aber Krakau ist nicht weit", versuche ich meine Freunde zu locken. Und Sosnowiec, mein vorübergehendes Zuhause? Man sucht diesen Namen im Reiseführer vergeblich.

Nun gut, was sagen meine polnischen Freunde und Bekannten zu Katowice und Sosnowiec? Lachen, „Oh Gott, was willst du denn da? Ach so, arbeiten. Na ja, für ein Jahr..." Im Gegensatz zu meinem ehemaligen Zuhause, dem Ruhrgebiet, habe das etwa 65 km südlich von Opole beginnende Industriegebiet dieses schornsteinqualmende Image nämlich zu Recht. Immerhin gibt es hier noch um die 60 Zechen, 15 Stahlhütten und diverse Chemiebetriebe. Und während ich an einem der ersten Abende noch etwas naiv davon sprach, daß es ja ziemlich neblig sei, klärten mich die Fakten von grauschwarzem Staub in meiner Wohnung wie der Grauschimmer auf meiner eigentlich weißen Bluse nach nur einem Tag vollends auf. Säuglingssterblichkeit und Krebsrisiko seien hier extrem hoch, lese ich in meinem „Zeit"-Artikel, und so verliert auch das Bild der alten Frau, die ihr Gartengemüse am Straßenrand verkauft, an Romantik. Letztlich kaufen hier meistenteils diejenigen ihr Gemüse, die nicht genug Geld haben, um es in einem Supermarkt erwerben zu können. Dort hat man zumindest die Hoffnung, daß Obst und Gemüse aus anderen Landesteilen kommen – oder zu den 20 % gehören, die laut „Welcome to Upper Silesia" von 1996 nicht mit Schwermetallen belastet sind. Und obwohl es interessant ist, einen kleinen Einblick in die Strukturveränderungen dieses Ballungsgebietes zu bekommen, kann man nicht umhin, diese Region immer noch als ökologisches Katastrophengebiet zu bezeichnen. So hat es dann auch niemanden gewundert, daß ich gleich in der zweiten Woche krank geworden bin, auch wenn es natürlich allen leid tat. Also kein abgekochtes Leitungswasser, sondern gekauftes Mineralwasser, Vitamintabletten, und alles etwas langsamer als geplant.

Interessant ist diese Region nicht zuletzt deshalb, weil ich genau an der Grenze von Schlesien und „Altpolen" wohne. Oftmals sind „Altpolen" und Schlesier nicht besonders gut aufeinander zu sprechen. Die „Altpolen" (dieser Region) nennen die Schlesier „Hanysy", von (Jo)Hannes abgeleitet, die Schlesier ihrerseits die „Altpolen" „Gorole", was nicht mit den „Gorale", den Bergbewohnern, zu verwechseln ist, da letztere für die Schlesier unproblematisch zu sein scheinen. Woher der Name „Gorole" kommt, ist mir unbekannt.

Da ich in Sosnowiec und nicht in Katowice wohne, gehöre ich eigentlich zu den Gorole. Doch während ich mich mit Hilfe meines Ausländerstatuts noch dieser Schublade entziehen kann, ist schon die nächste geöffnet. Das erfahre ich auf einer Autofahrt zwischen Katowice und Sosnowiec von einer polnischen – sie würde korrigierend hinzufügen: schlesischen – Freundin. Mit einem Wink auf das deutsche Nummernschild stellt sie fest: „Vor uns fährt ein Fritze. Du gehörst zu den Helmuty. Die erkennt man am Fahrstil." Sofort ist mir klar, daß es vor dieser Schublade kein Entrinnen gibt, noch bevor ich überhaupt weiß, wer, was oder wie ich demnach bin. Durch meinen etwas fragend-bedauernden Blick, fügt sie erklärend hinzu, daß Fritze die Aussiedler und Helmuty die anderen Deutschen seien. Hätte ich eine Chance, wenn ich in Italien, Spanien, Litauen, der Ukraine oder Japan geboren wäre?

Nichtsdestotrotz bemühe ich mich um die Vermittlung der deutschen Kultur, genauer gesagt, um internationale Zusammenarbeit: „Ach, ich habe in Deutschland mal Linsensuppe gegessen. Die schmeckt gut! Du bist Deutsche, also koch uns mal Linsensuppe." Auf meine Proteste hin erreiche ich zumindest, daß nicht nur ich meine, sondern auch die (polnische) Freundin ihre Mutter um diverse Rezepte bitten muß. Ich habe Glück. Da sich die geladenen Gäste mit der deutschen Küche nicht so gut auskennen, kann ich leicht behaupten, daß rote Grütze nun mal genauso schmecke und daß es nur bei mir die ultimative Bregenwurst mit dem pikantesten Grünkohl gebe. Gleichzeitig stelle ich bei dem Gedanken an deutsche Gerichte fest, daß mir Falaffeln fehlen ...

So eindeutig ist sonst natürlich nichts, auch wenn ich krampfhaft Gemeinsamkeiten und Unterschiede der Kulturen festzustellen versuche; ein alle Vielfältigkeit und Realitäten zerstörendes, negierendes Unterfangen.

Gleichwohl wissend, daß ich eine Außenstehende bin und bleibe, habe ich das Glück, das Land nicht nur aus Büchern und Urlauben kennenlernen, sondern auch im Alltäglichen erleben zu können. Warum also nicht noch ein Jahr in Sosnowiec? Und die vielen Freunde, Verwandten und Bekannten, die mich im Laufe des Jahres besuchten?

Sie haben Polen für sich entdeckt.

Heike Fahrun
Phänomenologie der Papierserviette

Ein Tisch, darauf ein Servietten- und ein Pfeffer-/Salzständer: das letzte Photo vor meiner Ausreise aus Polen, entstanden auf der Raststätte am Grenzübergang Forst/Olszyna.

Die Ähnlichkeit im kulinarischen Angebot, der herzerweichende Mangel an Gemütlichkeit, ihre Konzentration auf das Nötigste macht die meisten Raststätten austauschbar. Grenzüberschreitende Unorte gewissermaßen – wären da nicht die kleinen Unterschiede in den noch kleineren Dingen, wäre auf diesem Bild nicht die Serviette, die, wenn schon nicht unbedingt auf Polen, so doch auf die östlichen Regionen Europas verweist.

Jeder Reisende, der in dieser Weltgegend ein Restaurant, eine Kneipe oder eben eine Raststätte betritt, kennt

es, dieses garantiert saugresistente Stück Papier, das sich bei einer größeren Menge Flüssigkeit in seine Zellulosebestandteile auflöst. Sollte man einmal richtig gekleckert haben, hilft es einem wenig. Die Oberfläche, sehr glatt und gleichzeitig leicht zu zerknittern, erinnert an das pergamentene Einlegepapier in den Fotoalben unserer Großeltern: als Serviette vollkommen unnütz, sollte man meinen!

In einer Welt, die nach Funktionalität doch nur so schreit, ist eine nicht saugfähige Serviette ein Anachronismus. Wer erfindet sowas? Ist sie ein Kind der Mangelwirtschaft, geschaffen, um Rohstoff zu sparen? (Eine Absicht, die durch die schiere Menge, die man bei einer Aufwischaktion wirklich benötigt, sofort ad absurdum geführt würde.)

In jedem Fall ist sie weit entfernt von den schweren Leinen-Servietten, die auf Stilleben über Tische fließen, mit Monogrammen bestickt und so groß, daß man notfalls auch ein Baby darin wickeln kann. Servietten, oder besser: Gedecke, wie sie in den Romanen des 19. Jahrhunderts vorkommen, um die Gesetztheit und Bürgerlichkeit ihrer Helden zu unterstreichen und die der Stolz jeder Hausfrau und Mitgift waren. So auch in Gustav Freytags „Soll und Haben", in dem eine der Heldinnen eine wahrhaft liebevolle Beziehung zu ihren Servietten pflegt – hier auch ausgewählt als kleine Hommage an Breslau, wo der Roman spielt:

> „Sabine war in ihrer Schatzkammer. Dies war ein Raum, unwohnlich für einen Gast, aber für jede Hausfrau ein heimliches, herzerhebendes Zimmer. An den Wänden standen mächtige Schränke von Eichen- und Nußbaumholz mit schöner eingelegter Arbeit, in der Mitte ein großer Tisch mit geschnörkelten Beinen,

darum einige alte Lehnstühle. Aus den geöffneten Schränken glänzten im Lampenlicht unzählige Gedecke von Damast, hohe Terrassen von Wäsche, Linnen und bunten Stoffen [...] Die Luft war mit einem kräftigen Duft erfüllt, der aus uraltem Lavendel, Eau de Cologne und frischer Wäsche aufstieg. Hier herrschte Sabine allein [...] Heute stand Sabine noch spät vor dem Tisch, der mit weißer Wäsche belastet war; sie suchte die Nummern des feinen Damasts zusammen, zählte und sortierte Tischdecken und Servietten, band große Bündel mit rosa Bändern zusammen und hing die Nummernkarten daran. Zuweilen hielt sie ein Stück näher an das Licht und sah mit Behagen auf die weißen Arabesken, welche die Kunst des Webers hineingewirkt hatte. Da flog ein dunkler Schatten über ihr Antlitz, und traurig sah sie auf einige wunderfeine Servietten, in welche zahlreiche kleine Löcher gestochen waren [...] Zwar von den groben konnte sie ohne Schmerz einige Dutzend missen, von den feinen aber war ihr jedes Gedeck ans Herz gewachsen." (Erstes Buch, 7. Kapitel)

Sabine spürt ganz offensichtlich, daß die kleinen Dinge in unserem Leben eine nicht zu unterschätzende Rolle spielen. Für sie ist das Stück Stoff nicht einfach ein simpler Gebrauchsgegenstand, Wohl und Wehe der Serviette entscheiden vielmehr über die Zufriedenheit ihrer Besitzerin. Gleichzeitig verbinden sich Webereien und Stickereien, der Duft und das Ambiente für Sabine zum ultimativen Servietten-Erlebnis.

Auch unsere Serviette kann Emotionen auslösen, und läßt man sich nur ein wenig darauf ein, ist im Grunde auch sie ein Erlebnis, vor allem wenn man ihr Vorkommen und Umfeld etwas genauer betrachtet. Es gibt sie in unzähligen Varianten. Am weitesten verbreitet ist sicher schlichtes quadratisches Weiß, aber natürlich findet man sie auch in allen Farbschattierungen, bis hin zu apartem Rosa mit Goldmuster. Bei besonders schicken Exemplaren kommen auch strukturierte, geprägte Oberflächen vor. Der Rand kann sehr schmuck fransig oder spitzenartig gestaltet sein. Wichtigstes Requisit jedoch ist der Ständer, der in den unterschiedlichsten Materialien und Qualitätsstufen erhältlich ist: ordinäres Plastik (schon für 1,20 PLZ zu haben – also 60 Pfennig), bodenständiges Holz, geflochten in Korb, edel in Porzellan ...

Von Bedeutung ist der Ständer aber auch, weil erst durch ihn der Servietten-Gebrauch vollständig wird, ja regelrecht Komplexität erlangt. Sicher, in vielen Restaurants wird der Packen Servietten einfach lieblos in der Mitte gefaltet und in den Ständer gestopft – eigentlich aber gewinnt dieses schlichte Stück Papier seine ästhetische Dimension durch eine elegante Auffächerung. Gern habe ich mir vorgestellt, daß da jeden Morgen jemand durch die Restaurants und Cafés der Stadt geht und Servietten bearbeitet – ein „Serviettenbeauftragter" quasi, der die hohe Fächerei-Kunst perfekt beherrscht. In Wahrheit aber kann dieser Effekt mit ein wenig Geduld und Übung von jedem erreicht werden, auch wenn unterschiedliche Qualitätsstufen in der Ausführung, besonders in der Gleichmäßigkeit des Fächers, offensichtlich sind. (Man reibe dazu mit dem Handballen gleichmäßig kreisend in der Mitte des Serviettenstapels ...)

Meistens wird die Ordnung im Ständer jedoch schnell zerstört von den Mundabwischern und Fleckenaufsaugern unter den Gästen – notgedrungen, denn der Gebrauchswert des Ständersystems ist doch eher fragwürdig. „Das ist ganz einfach: Du mußt immer die Serviette nehmen, die in der Mitte liegt" – dieser Ratschlag wird häufig gegeben, scheitert aber mindestens ebenso häufig an der Durchführung. Nur in seltenen Glücksmomenten gelingt einem das fehlerfreie Herausziehen nur einer Serviette; eher schon kommt einem der ganze Haufen entgegen, den man dann etwas hilflos und gänzlich unelegant wieder in den Ständer zurückzustopfen versucht. Nebenbei – es scheitern auch Polen an dieser Aufgabe, eine spezielle kulturelle Kompetenz für dieses Phänomen scheint es also nicht zu geben.

Auf jeden Fall birgt so jeder Restaurantbesuch ein unwägbares Moment: Wird es heute gehen oder bleibt wieder nur die Resignation? Sucht man eine generationenübergreifende Erfahrung, ist sie im Servietten-Thema gefunden: eines der wenigen unlösbaren Probleme der Zeit!

Das polnische Serviettenphänomen – und ich hoffe, daß meine kurzen Gedanken dies etwas deutlich machen konnten – kann gar dialektisch betrachtet werden: schwer zu handhaben und absolut verbesserungswürdig. Noch kann man die Serviette flächendeckend finden, selbst in gehobenen Restaurants. Aber wird sie nicht langsam aussterben? Schließlich ist sie weder für den kultivierten Eßgebrauch noch für den massenhaften Werbeeinsatz so recht zu gebrauchen – McDonalds z. B. hat seine weltumspannenden Einheitsservietten auch nach Polen mitgebracht. Und man braucht wahrlich nicht Gustav Freytags Zeiten nachzutrauern, um nicht die Unzulänglichkeit des Systems erfassen zu können.

Andererseits – ist diese Papierserviette so herrlich traditionsreich und umfassend gesellschaftlich akzeptiert, so herzerfrischend unpraktisch. Ein kleiner Widerstand im Funktionalitätswahn unserer Zeit, in der Einebnung kultureller Unterschiede, der ein kleines Heimatgefühl ermöglicht, selbst auf Autobahnraststätten!

Birgit Roser
Alltagsgeschichten

Einkaufen auf dem Markt

„Sie sind keine Polin, oder?" Die drei Worte auf dem Markt, mit denen ich ein Kilo Äpfel kaufen will, genügen vollauf, um mich als Fremde zu entlarven. Meine Enttäuschung als Polnischlernende wird jedoch gleich wettgemacht durch meine Lust, die fremde Sprache auszuprobieren und meine Neugier auf alles, was für mich neu und anders als zu Hause ist. Warum also nicht ein kurzes Schwätzchen mit einer Marktfrau? Denn natürlich kommt unweigerlich als nächste Frage, woher ich denn sei. „Aha, aus Deutschland. Dann sind sie sicher mit einem Polen verheiratet." Es gibt wohl sonst keinen vernünftigen Grund, weshalb eine Deutsche in der Kapuścińska mit einer Tasche voll Gemüse herumläuft. Leider muß ich die Frau enttäuschen und ihr erklären, daß ich nur an der Pädagogischen Hochschule arbeite. „Na ja, vielleicht finden Sie ja hier noch einen Polen als Ehemann", tröstet sie mich.

Bevor ich dazu komme, mich wieder einmal darüber zu wundern, daß ein polnischer Mann anscheinend als etwas besonders Erstrebenswertes gilt, erfahre ich jedoch schon, daß meine Gesprächspartnerin selbst dieses Glück verschmäht hat und mit einem Deutschen verheiratet ist, irgendwo in der nördlichen Oberpfalz. Als ich ihr erzähle, daß ich keine hundert Kilometer entfernt aufgewachsen bin, kennt ihre Begeisterung kaum noch Grenzen. Im nächsten Moment bin ich schon zum Teetrinken eingeladen und bekomme die Manteltasche voll

Äpfel gestopft. Soviel Freundlichkeit kann ich mich einfach nicht entziehen.

Also sitze ich kurz darauf auf dem Schlafsofa in Pani Beatas Wohnung, in der deutscher und polnischer Nippes eine verblüffend harmonische Verbindung eingehen. Mein höfliches Lächeln und ein gelegentliches „no tak" führen dazu, daß ich in der nächsten Stunde ihre halbe Lebensgeschichte erfahre: eine vielleicht gar nicht so seltene polnisch-deutsche Geschichte, voll von finanziellen Interessen, rechtlichen Abhängigkeiten und deren rücksichtsloser Ausnutzung, voll auch von Einsamkeit in Deutschland und Heimweh nach Polen. Zur Illustration zeigt sie mir Fotografien ihres deutschen Mannes (alt) und seines Hauses (neu) sowie Ansichtskarten einer tristen Kleinstadt, auf denen ich so ziemlich all das wiederfinde, was ich an Deutschland nicht mag. Es kostet mich ein wenig Mühe, diese Gedanken vor meiner freundlichen Gastgeberin zu verbergen und viel Mühe, ihr klarzumachen, daß die Beherrschung der deutschen Sprache mich nicht automatisch zu einer Expertin im deutschen Ausländer- und Erbrecht macht.

Später kommt ein Herr zu Besuch, den Pani Beata mir zu meiner Verblüffung als Mirek, den Vater ihrer Tochter, vorstellt. Habe ich da doch irgend etwas falsch verstanden in ihrer Lebensgeschichte? Ich wundere mich ein bißchen, habe aber nicht lange Zeit dazu, weil ich gleich darauf vor der schwierigen Aufgabe stehe, mit meinem armseligen Polnisch auf höfliche Weise die beliebte Frage „Und wie finden Sie die polnischen Männer?" zu beantworten. Die Erleichterung darüber, daß mir das anscheinend gelingt, ohne Pan Mirek zu kränken, und daß sich unsere Unterhaltung von diesem heiklen Thema fortbewegt, währt allerdings nicht lange.

Denn Pan Mirek möchte mir unbedingt seine Meinung über Deutschland sagen. Als Fernfahrer kenne er Deutschland gut, und es sei ja auch ein schönes Land – aber es gebe dort einfach zu viele Neger. „Wenn Hitler aus dem Grab aufstünde, wäre er bestimmt entsetzt, was aus dem Land geworden ist." Um mir das auf jeden Fall klarzumachen, versucht er es sogar noch einmal auf Deutsch. Mir stellen sich die Nackenhaare auf, und bestimmt drückt meine Miene deutlicher als meine unbeholfene Entgegnung mein Mißfallen aus. Um über Rassismus zu streiten, reichen meine Sprachkenntnisse leider noch nicht aus. Aber eines Tages werde ich in so einer Situation nicht mehr sprachlos dasitzen, das schwöre ich mir in diesem Moment.

Zum Glück kommt gleich darauf Pani Beata mit dem Wasser für die nächste Tasse Tee aus der Küche, und unser Gespräch dreht sich bald wieder ums Kochen und den nagelneuen riesengroßen Fernseher, den sie aus Deutschland mitgebracht hat. Stolz werden mir die vielen deutschen Fernsehprogramme, die man hier empfangen kann, vorgeführt und deutsche Talkshowmaster vorgestellt. Meine Gastgeber kennen sie eindeutig besser als ich. Als ich endlich aufbrechen will, zieht auch Pani Beata sich an. „Ein Mädchen kann doch um diese Uhrzeit nicht allein heimgehen", meint sie fürsorglich. Vor meiner Haustür lädt sich mich nochmals ein, sie doch bald wieder zu besuchen, vielleicht am Sonntag, oder wann immer ich wolle. Ich verspreche ihr, sie anzurufen und habe ein bißchen ein schlechtes Gewissen, weil ich schon jetzt weiß, daß ich wohl nicht wiederkommen werde. Vergessen aber werde ich Pani Beata nicht.

In der Straßenbahn

Schon wieder eine Kontrolle. Ohne von meinem Buch aufzusehen, greife ich in meine Manteltasche und reiche dem jungen Mann mein Bilett. Zum Glück bin ich ein Feigling, der sich mit dem braven Abstempeln der Straßenbahnfahrkarte die innere Ruhe für zweimal täglich eine halbe Stunde Lesezeit erkauft. Doch statt des erwarteten „dziękuję" (danke) spüre ich einen festen Griff am Oberarm. „Ich habe doch gestempelt" – „Ja, sogar zweimal", sagt der Kontrolleur, hält mir die Karte sowie seinen Ausweis unter die Nase und den Arm weiter fest. Einen Moment später stehe ich flankiert von zwei finster blickenden jungen Männern in der Mitte einer Ausfallstraße. Es ist schon dämmrig, rechts und links braust der Verkehr vorbei, weit und breit niemand zu sehen, und von dem, was die beiden auf mich einreden, verstehe ich nur „paszport" (den habe ich nicht dabei) und „policja" (mit der will ich, als Ausländerin gerade mal zwei Wochen in Polen und noch nicht ordnungsgemäß angemeldet, auf keinen Fall Schwierigkeiten bekommen). Die wohl nicht zu überhörende Panik in meiner Stimme, als ich schnell „Bitte keine Polizei" sage, bringt die beiden für einen Augenblick zum Grinsen. Das nächste, was ich verstehe, ist „100 Złoty". Ich weiß, daß das viel zu viel ist, doch jetzt sind sie diejenigen, die angeblich nichts verstehen. „Geld oder Polizei" – vor diese Wahl gestellt, halte ich ihnen schließlich zähneknirschend die 80 Złoty hin, die ich bei mir habe. Das scheint zu genügen. Der eine steckt das Geld in die Hosentasche, eine Quittung bekomme ich nicht, und plötzlich ist alles ganz anders. An der Straßenbahnhaltestelle steht nicht mehr eine verachtenswerte Delinquentin zwischen zwei barschen Hütern von Recht und Ordnung, sondern eine attraktive junge Frau mit zwei höflichen und neugierigen gleichaltrigen Männern, die auf die nächste Tram wartet. Was ich eigentlich in Bydgoszcz mache, wie es mir gefalle und woher ich denn käme? Ob ich, wenn ich denn aus Bayern käme, Freilassing kenne? Die Gegend sei ihm nämlich wohlbekannt, erzählt mir mit verschwörerischem Zwinkern der mit meinem Geld in der Tasche, dort schmuggle er seit Jahren Zigaretten. Ein Kontrolleur, der auch noch stolz darauf ist, ein Schmuggler zu sein – ich schüttle ungläubig den Kopf, und bis die Straßenbahn kommt, hat sich mein Ärger schon fast in Heiterkeit verwandelt.

Fast ein Jahr später finde ich in der Lokalausgabe der Gazeta Wyborcza das Ergebnis einer Studie, für die man Menschen in Bydgoszcz nach ihrem monatlichen Einkommen befragt und in sechs verschiedene Einkommensklassen eingestuft hat. In der niedrigsten befindet sich neben Putzfrauen und Lehrern auch ein Assistent an der Universität, in der höchsten dagegen wird das Spitzenergebnis eines Kontrolleurs der städtischen Verkehrsbetriebe nur noch vom Stadtpräsidenten von Bydgoszcz übertroffen.

Eine Zugfahrt

Über die Bahnsteige von Laskowice Pomorskie weht ein unangenehm kalter Wind. Eine dreiviertel Stunde muß ich auf meinen Anschlußzug warten – schade, ich hätte gerne einen meiner Lieblingsfilme von Kieślowski gesehen, der heute abend im Fernsehen läuft. Schon will ich mich zu den anderen Wartenden in das triste Bahnhofslokal setzen, als hinter mir am Bahnsteig ein Zug einfährt. „Pociag hotelowy" (Schlafwagenzug) lese ich auf einer der Metalltafeln, und zwischen Gdańsk, Poznań, Zakopane und einigen weiteren Reiselust weckenden Ortsnamen – Bydgoszcz. Der Anzeigetafel entnehme ich, daß Zusteigen ohne Schlafwagenreservierung nicht erlaubt ist, aber die beiden Schaffner, die für eine schnelle Zigarette den Zug verlassen haben, sehen eigentlich recht nett aus.

Ich setze also mein charmantestes Lächeln auf, schlendere auf sie zu und frage ganz naiv, ob ich denn mitfahren dürfe. Natürlich nicht. Und wenn ich dafür zahle? Der dickere Schaffner lacht und meint, für dreißig Złoty nehme er mich mit. Das ist dreimal so viel, wie die Fahrkarte für die Strecke gekostet hat und mir eindeutig zu viel. „Zehn Złoty", schlage ich vor. „Dreißig", sagt der Schaffner, „und überhaupt sprichst du ziemlich schlecht Polnisch. Du bist wohl mit deinen Eltern lange im Ausland gewesen?" Ich erkläre ihm, daß ich Deutsche bin und erst seit einem Jahr in Polen lebe. Verblüffung und Neugier malen sich auf sein Gesicht. „Sie sprechen aber sehr gut Polnisch", beeilt er sich nun zu versichern, „was machen Sie denn hier?"

In diesem Augenblick ertönt vom vorderen Zugende her ein Pfiff, und ich wittere meine Chance. „Wenn Sie das wissen wollen, müssen Sie mich eben mitnehmen", sage ich frech. Die beiden Schaffner schauen sich kurz an und helfen mir dann mit einem Lächeln in den Zug, der sich gleich darauf in Bewegung setzt. Noch auf der Plattform zwischen den Wagen hält der Dicke die Hand auf. Ich drücke ihm zehn Złoty hinein, werde nun galant ins Dienstabteil geleitet und sofort einer detaillierten Befragung unterzogen, die neben der obligatorischen Frage nach den polnischen Männern (die mir übrigens noch nie eine Frau gestellt hat) auch das deutsche Eisenbahnwesen umfaßt. Im Gegenzug erfahre ich ohne besondere

Nachfrage einiges über die miserable Besoldung der polnischen Eisenbahner und die Schwierigkeit, davon eine Familie zu ernähren. Um als nächstes Konversationsthema die Frage zu erörtern, ob denn nun Hitler oder vielleicht doch Stalin der größere Verbrecher gewesen sei, bleibt zu ihrem Bedauern und meiner Erleichterung nicht mehr viel Zeit. Schon ist das Quietschen der Bremsen zu hören, und ich bekomme vor dem Aussteigen noch viele gute Wünsche mit auf den Weg.

Am Bahnsteig in Bydgoszcz bleibe ich noch eine Weile stehen, bis die Lichter des Zuges in der Dunkelheit verschwinden – und freue mich. Ich freue mich auf „Das doppelte Leben der Veronika", das ich jetzt doch noch sehen kann, und ich freue mich darüber, daß ich mich nach dieser Zugfahrt wieder ein bißchen mehr zu Hause fühle in diesem gar nicht mehr so fremden Land.

Slowakei

Elisabeth Kallenbach
Teilnehmende Beobachtung in einem Chor in der Slowakei

Wenn ich nun im kommenden Monat Nitra verlasse, so weiß ich, daß mich einige Leute vermissen werden, und mein Abschied fällt mir schwer. Ich habe Freunde gefunden. Eine Gruppe von Menschen, zu denen ich gehöre und wo ich mich akzeptiert gefühlt habe.

Kontakt zu finden in einem fremden Land, mit nur rudimentären Grundkenntnissen der Landessprache, ist ein anstrengendes und beschwerliches Unterfangen. Ich hatte mehr Hilfe von seiten der Kollegen und auch aus den Reihen der Studenten erwartet, aber während die Kollegen durch mehrere Jobs und familiäre Verpflichtungen zeitlich voll ausgelastet sind, achten die Studenten in der Regel streng auf eine Aufrechterhaltung der hierarchischen Beziehungen und altersgemäßen Abgrenzung. Nicht, daß sie abweisend wären! Aber betritt man ein Studentenlokal, so merkt man recht schnell die Befangenheit gegenüber der um einiges älteren Lektorin.

So entschloß ich mich, einen Chor zu finden, der es mir als begeisterter Chorsängerin ermöglichen würde, Kontakt zu den „Einheimischen" zu knüpfen. In Deutschland ist das ein leichtes Unternehmen. Man schaut in die Konzertankündigungen oder fragt seine Bekannten. In Nitra hingegen werden anscheinend nur für kulturelle Veranstaltungen wie Kino, Hundeausstellungen oder Dorfdiskotheken die Werbemittel Plakat oder Veranstaltungsprogramm genutzt. Konzerte aber werden wohl nur über Mundpropaganda publik gemacht werden. Als ich mich bei den Kolleginnen erkundigte, zuckte die

Mehrzahl nur mit den Schultern. Eine wußte etwas von einem Kinderchor, eine andere hatte mal als Studentin in einem Chor mitgesungen, der angeblich jeden Mittwoch um fünf Uhr in der Landwirtschaftlichen Universität geprobt habe.

Detektivarbeit mußte geleistet werden. Mittwochs um fünf überprüfte ich alle Räumlichkeiten der Universität auf etwaige Sänger, sonntags traf man mich in den verschiedenen Kirchen beim Gottesdienst auf der Suche nach Kirchenchören: vergeblich.

Als ich schon resignieren wollte, entdeckte ich zu meinem Entzücken bei einem Stadtfest in der Fußgängerzone einen kleinen Kammerchor. Der musikalische Vortrag war zwar nicht umwerfend, aber ansonsten entsprach er meinen Vorstellungen eines typischen Laienchors, wie sie auch in Deutschland existieren: charakteristisch mit Frauenüberschuß, Tenorknappheit, röhrenden und feixenden Bässen und einem viel zu laut mitsingenden Dirigenten. Ich folgte den Vortragenden nach dem Konzert in den nahegelegenen Biergarten, wo das Gelingen ausgiebig gefeiert und begossen wurde. Im Bewußtsein meiner geringen Slowakischkenntnisse brauchte auch ich erst einmal ein Glas Bier, um mutig zur Tat zu schreiten. Der nicht nur durch seinen ausgeprägten Bierbauch gutmütig wirkende „Pan Dirigent" (Herr Dirigent) verstand jedoch von meinem Kauderwelsch nur, daß ich Deutsche sei und trat direkt mit mir in Verhandlung über etwaige Konzerte in Deutschland. Ich ließ ihn in dem Glauben, daß so etwas organisierbar sei und erfuhr dann auch den Probentermin: Mittwoch, fünf Uhr, Landwirtschaftliche Universität!

Nun war ich schon einen Schritt weiter, da ich jetzt zumindest einige Gesichter wiedererkennen würde. Und so wartete ich am darauffolgenden Mittwoch um viertel vor fünf am Haupteingang der Universität, wartete eine geschlagene dreiviertel Stunde, in der ich erneut sämtliche Räumlichkeiten untersuchte und dem Pförtner entlocken konnte, daß hier unregelmäßig ein Chor probe. Schon wieder stand ich kurz vor der Resignation, als ich den Dirigenten gemächlich heranschreiten sah.

Außer mir gesellten sich weitere Chorsänger zum Dirigenten, und wir begaben uns in einen Vorlesungssaal. Statt aber mit der Probe zu beginnen, wurde ausgiebig erzählt, der Dirigent sortierte Noten, erzählte zwischendurch Witze und Anekdoten, weitere Chormitglieder trafen ein und wurden ausgiebig begrüßt.

Inzwischen war es schon nach sechs Uhr, und wir hatten noch keinen Ton gesungen. Ich nutzte die Zeit, um mir die Leute anzusehen.

In Deutschland beginnen Chöre in der Regel nach sieben Uhr, wenn man sich ein wenig von der Arbeit erholt und gegessen hat. Ein Probentermin um fünf Uhr ist für die arbeitende Bevölkerung nicht denkbar. Was waren das also für Chorsänger: Arbeitslose, Studenten, Hausfrauen und Rentner? Alle Generationen waren vertreten – vom 12- bis zum 70jährigen. Später erfuhr ich, daß hier

Schüler, Studenten, Lehrer, Ärzte, Krankenschwestern, Verkäuferinnen, Arbeiter verschiedener Branchen und auch Rentner, Hausfrauen und Arbeitslose mitsingen: ein Querschnitt also durch die gesamte Gesellschaft.

Als wir gegen halb sieben die ersten Töne sangen, verabschiedeten sich bereits einige Chormitglieder. Auch in den folgenden Proben ging es ähnlich zu: ein stetes Kommen und Gehen, wenig musikalische Arbeit, jeder unterhielt sich mit jedem, Rezepte wurden ausgetauscht, der komplette Baß verschwand zur Halbzeit auf die Toilette zwecks Zigarette zwischendurch oder kleinem Umtrunk mit Selbstgebranntem.

Während man nach der Probe in Deutschland die ausgetrockneten Kehlen noch mit ein paar Bier erfrischt, gingen hier – zu meiner Verwunderung – alle brav nach Hause. Bis auf einen harten Kern von circa fünf Leuten. Dafür tranken die fünf aber um so mehr, und wenn um 22 Uhr die Stammkneipe ihre Tore schloß, waren sie – gelinde gesagt – schon kräftig angeheitert. Frauen in der Slowakei meiden in der Regel solche Trinkgelage, aber ich mußte schon aus ethnologischen Interessen häufiger meine Trinkfestigkeit beweisen.

Gespannt war ich auf unseren ersten Auftritt: Wir sollten sonntags um 9.00 Uhr im Gottesdienst singen. Die meisten waren sonntäglich angezogen, was auch den obligatorischen Adidas-Trainingsanzug nicht ausschließt, der wohl in ganz Osteuropa mit zur Festbekleidung gehört. Was wir jedoch singen würden, war mir völlig unklar. Meine Sorgen waren unnötig, der Chor sang mit schlafwandlerischer Sicherheit eine Messe von einem Herrn Fibich, die er schon seit Jahren zu solchen Anlässen zum besten gibt.

Höhepunkt meiner Chorkarriere war die Teilnahme an einer Konzertreise nach Rumänien. Obwohl der Termin kurz vor Weihnachten, und somit ungünstig für den Heimaturlaub lag, wollte ich mir dieses Ereignis nicht entgehen lassen.

Die Abfahrt mit dem Bus verzögerte sich, da Gabo, der Chorclown, fehlte. Man hatte schon nach ihm telefoniert, er aber lag im Halbkoma zu Hause, da am Vorabend eines der typischen Geschäftstrinken stattgefunden hatte. Ich war mit dem Auto gekommen, und so oblag mir die Aufgabe, die Schnapsleiche schnell abzuholen und einzuladen. Trotz sicherlich schwerem Kater dauerte es nicht lange, und Gabo holte im Bus die obligatorische Borovicka-Flasche heraus. Und während wir durch die nicht sehr reizvolle winterliche ungarische Pußta fuhren, wurde gesungen und getanzt, Witze erzählt und verschiedene Liköre und Schnäpse herumgereicht – wobei diesmal auch die Frauen und Mädchen sich den einen oder anderen genehmigten.

Unser Ziel war Nadlak, eine kleine ursprünglich von slowakischen Siedlern gegründete Stadt in Rumänien, wo auch heute noch mindestens 60 % slowakisch sprechende Bevölkerung lebt. Die orthodoxe slowakische Kirchengemeinde hatte uns eingeladen, um ihren Mitgliedern so ein Weihnachtsgeschenk aus der Heimat zu überreichen. Der Empfang war herzlich, es gab weitere Willkommenstrunke und gute, reichhaltige Hausmannskost. Untergebracht wurden wir in einem Knaben-Internat. Zehnbettzimmer mit wackeligen Lazarettbetten, die zu eng und zu kurz waren. Dazu wurden kratzige Wolldecken gereicht. Wenigstens waren die Zimmer gut geheizt, denn in jedem Raum bullerte ein romantisch-gemütlicher Kachelofen. An Schlafen war aber so oder so nicht zu denken. Die Nacht wurde mit Kartenspielen, Singen und Trinken totgeschlagen. Drei Stunden habe ich dann vielleicht doch geschlafen, aber früh am Morgen wurde ich durch bittere Kälte geweckt. Das Holz war heruntergebrannt, neues gab es nicht, und draußen waren es eisige 10 Grad minus.

Das Konzert war für alle eine Härteprobe. Die orthodoxen liturgischen Gesänge empfingen uns schon beim Eintreten in die vollbesetzte Kirche. Auf der einen Seite saßen die Frauen, in altmodischen schwarzen Trachten und Kopftüchern; mit grellen und scheppernden Stimmen wiederholten sie inbrünstig singend die monotonen Litaneien, die der Priester ihnen vorsang. Die Männer hatten ihre schwarzen Hüte an der Garderobe neben dem Eingang aufgehängt und hockten eher zurückhaltend betend auf der anderen Seite in den Kirchenbänken. Die Litaneien schienen kein Ende zu nehmen. Sicherlich eine Stunde harrten wir auf unseren Auftritt, und manch einer von uns holte in dieser Zeit den versäumten Schlaf nach. Dann endlich wurden wir aufgefordert, nach vorne zu treten. Wir begannen mit christlichem Programm: Weihnachtslieder und Teile der altbewährten Messe, die ja hier noch keiner gehört hatte. Die Menschen hörten andächtig zu. Dann gingen wir zu heimatlichen und patriotischen Liedern, wie „Nitra, mila Nitra" („Nitra, mein liebes Nitra") oder „Vlast moja" („Du mein Vaterland") über, und nun sah ich bei vielen Zuhörern Tränen in den Augen. Nach Beendigung unseres Vortrags verfielen sie jedoch wieder in ihre Litaneien, und erst nach einer weiteren halben Stunde des grellen Gesanges konnten wir wieder ins Freie treten.

Nun werde ich diesen Chor wieder verlassen. Aber ich werde ihn niemals vergessen, und wenn ich zufällig einmal das eine oder andere Lied, welches wir gesungen haben, hören sollte, so werden auch mir bestimmt Tränen in die Augen steigen.

Anke Pätsch

Opferbericht einer Boschlektorin oder warum Slowakisch das Esperanto der slawischen Sprachen noch nicht sein kann

Ich habe geschafft, was Tschechen und Slowaken nie versucht haben (Der Autorin ist natürlich bekannt, daß es zwischen 1918–1939 solche Versuche sehr wohl gab): ICH SPRECHE TSCHECHOSLOWAKISCH!

Gegner der tschechoslowakischen Trennung ließen verlauten, dies sei der erste Schritt zur (sprachlichen) Wiedervereinigung der beiden Staaten. Die Regeln der gemeinsamen Sprache sind bisher nicht kodifiziert, und – um es gleich vorwegzunehmen – ich werde diese Aufgabe auch nicht übernehmen können.

An dieser Stelle möchte ich ausdrücklich darauf hinweisen, daß ich nicht vorsätzlich gehandelt habe – nein, ich wollte nicht tschechoslowakisch sprechen – und um Himmelswillen auch nicht robertboschstiftungsstipendienbewilligungskonträr (Bewilligungsbedingungen für das Lektorenprogramm § 3.4) agieren. Meine politische Enthaltsamkeit war mir heilig im slowakischen Lande. Natürlich hatte (und habe) ich nicht die Absicht, die staatliche Souveränität der Tschechischen und der Slowakischen Republik zu untergraben. Daher muß ich meine Nachfolger unbedingt vorwarnen, damit sie nicht, so wie ich, Opfer der Sprachkuddelmuddelei werden.

Wie es dazu kam, daß ich Opfer wurde?

Nun, vielleicht bin ich schon lange ein Opfer. Es begann damit, daß man mich in die DDR hineingeboren hat. Aber ich will mich nicht beschweren, immerhin verdanke ich diesem Umstand eine solide Grundausbildung in der russischen Sprache. Seit meinem neunten Lebensjahr konnte ich mich in zunehmendem Maße zu so interessanten Themen wie „Lernen in der sozialistischen Schule", „Meine sozialistische Heimatstadt" oder „Unsere Pionierorganisation" in mehr oder weniger fließendem Russisch äußern. Innerhalb meines Studiums wurde Russisch ab 1991 dann auch zu einem (ich gestehe wirklich interessanten) Schwerpunkt, der mich unter anderem für ein Semester ins russische St. Petersburg geführt hat. Außerdem begann ich Tschechisch zu lernen, ging für ein Semester nach Prag und war erstaunt über meine recht schnellen sprachlichen Fortschritte. Plötzlich war ich sogar in der Lage, Polnisch in Grundzügen zu verstehen.

Dann bekam ich die Lektorenstelle in Banská Bystrica in der Slowakei. Für Tschechien hatten sich zu viele Kandidaten beworben, und ins Industriegebiet nach Ostrava wollte ich nicht. In diesem Sinne war ich sozusagen Ressourcenopfer. Aber Slowakisch interessierte mich natürlich auch – ahnungslos wie ich damals war. Indirekt hatte ich mich darauf vorbereitet, indem ich zwei Semester lang alle wichtigen slawischen Sprachen in einem Seminar an der Freien Universität Berlin verglichen hatte. Theoretische Kenntnisse hatte ich, ich wußte, wie ähnlich sich die zwei Sprachen sind. Wie aber hätte ich ahnen können, welche Schwierigkeiten trotzdem auf mich zukommen sollten. Zunächst mußte ich feststellen, daß einige Slowaken weniger freundlich reagierten, wenn ich sie auf Tschechisch ansprach. Das hatte ich beinahe befürchtet.

Ich weilte im August in Bratislava: drei Wochen Intensivsprachkurs. Leider gab es keinen Kurs für Bohemisten. So landete ich in einer Gruppe, in der Deutsche und Österreicher – meist ohne Vorkenntnisse in einer anderen slawischen Sprache –, Anfänger, bilinguale Sprecher mit zum Teil slowakischen Eltern, aber ohne Grammatikkenntnisse und solche wie ich sich tummelten. Wir Bohemisten wollten eigentlich nur die Unterschiede herausfinden, die Kodierung knacken: Wie macht man aus Tschechisch Slowakisch, ohne daß es jemand merkt?

Wir hatten es schwer! Unsere Lehrerin verstand uns gut, die Leute auf der Straße verstanden uns mit Murren – unsere Kommilitonen gar nicht! Zur Not konnte man mit ihnen ja Deutsch reden, aber im Unterricht ... Ein tschechisches Wort gab das andere. Dann wurden erbost Türen geknallt, wir trauten uns beinahe nicht mehr zu sprechen. Mit solchen Problemen hatte ich nicht gerechnet. Ich fühlte mich ganz unschuldig. Man konnte nie wissen, wann sich die fest ins Hirn gebrannten tschechischen Vokabeln zum Feind jedes Nichtbohemisten machen würden. Welche Wörter waren anders, welche gebräuchlich, welche unüblich? (Meinen Nachfolgern möchte ich all die unschönen Erlebnisse ersparen und stelle jedem Interessenten meine Kodierungsregeln gern zur Verfügung.) Trotz aller Mühen blieb und bleibt dies bis heute ein Rätselraten. Inzwischen hat es an Reiz gewonnen, da ich, wenn ich heute versuche, Tschechisch zu sprechen, die gleiche Erfahrung umgekehrt mache.

Tschechien

Nicole Hirschler-Horáková

Raz – raz – raz, dva, tri, četyre (russisch: Links – links – links, zwo, drei, vier) ... Olomouc und seine militärische Vergangenheit

Olomouc war schon immer eine Garnisonsstadt, und auch heute gehören die Soldaten in ihren grün-braun gemusterten Tarnanzügen mit ihren kecken Baretten zum Stadtbild. Man trifft sie in Kneipen, beim Bummel über das historische Pflaster des Marktplatzes, am Wochenende auf dem Bahnhof oder beim strammen Exerzieren in den Kasernen in der Nähe des Doms.

Olomouc und seine Soldaten – diese Verbindung hat eine lange Tradition in der mährischen Metropole. Schon unter Maria-Theresia wurde die strategisch wichtige Lage der Stadt in der Hanackischen Ebene erkannt und die Stadt zu einer Festung gegen die Preußen ausgebaut. Die gerade kürzlich renovierten Kasematten, in denen sich früher die Soldaten schindeten, bevölkern nun knallig bunte Geschäfte: Life style in historischem Ambiente ...

Doch auch die jüngste „soldatische" Hinterlassenschaft bekommt ein neues, modernes Gesicht verpaßt, auch wenn dazu allerhand schönheitschirurgische Eingriffe nötig sind. Hierbei handelt es sich nicht – wie im Falle der Festungsmauer und der Kasematten – um eine touristische Attraktion, sondern um einen schmerzhaften Teil der Geschichte, den die Bewohner von Olomouc am liebsten verdrängen würden, und dem sie allerhöchstens mit Spott begegnen: der Anwesenheit der sowjetischen Armee.

„Weißt du noch, wie unsere ganze schöne Stadt immer voll war von russischen Offizieren, und wie respektlos die sich benommen haben?“ „Ja, aber die jungen, die, die noch nicht lange dabei waren, waren doch arme Kerle. Nur in den Kasernen durften sie sitzen, nicht raus und wenn, dann nur für ganz kurze Zeit!“ „Sicher, doch am schlimmsten waren die russischen Offiziersfrauen! Wie die in ihren hochhackigen Schuhen immer über unser Pflaster gestolpert sind“, allgemeines Lachen, bei der Erinnerung an dieses Erlebnis, *„unglaublich! Und aufgetakelt waren die immer, also ich habe sie auf den ersten Blick erkannt. Außerdem benutzten sie das billigste Parfum und davon reichlich …“ „No, das war ja wohl wirklich nicht schwer, die Russinnen zu erkennen. Die hatten doch immer die größten Tüten. Alle Geschäfte haben die doch leergekauft, und für uns blieb fast nichts mehr übrig. Für die war unser Warenangebot doch das reinste Paradies und billig dazu.“*

Das ehemalige Kasernengelände der Roten Armee liegt am Rande von Olomouc, gegenüber weites Feld und der Friedhof. Eine holprige Landstraße führt in die nächsten Dörfer, Ortsschild, Neubausiedlung mit Plattenbauten, Endstation der Straßenbahn. Beinahe schon ländliche Idylle. Die ehemalige Einfahrt zum Militärareal ist in einer Kurve, eigentlich ziemlich gefährlich, doch früher war sicherlich weniger Verkehr. Achtlos liegt das große Tor ausgehebelt im Gras; das alte Pförtnerhäuschen ist ohne Fenster, und aus den Öffnungen quillt meterhohes Gras und Unkraut: Freie Zufahrt für alle! Das Gelände ist groß und unübersichtlich: Bäume, Sträucher, Gestrüpp, überall unbebaute Brachflächen, auf denen alles Mögliche wuchert, neue Biotope entstehen. Die Straßen waren auch schon einmal in einem besseren Zustand, die Schilder sind verrostet und stecken windschief in der Erde. Nieselregen, grauer Himmel, wirklich nicht sehr einladend ... Biegt man vom Hauptweg gleich nach der Einfahrt nach rechts ab, schallt einem nach wenigen Metern wütendes Bellen und Kläffen entgegen: in einem Teil der alten Kasernengebäude ist jetzt ein Tierheim untergebracht. Ironie des Schicksals. Doch die meisten Gebäude sind in denkbar schlechtem Zustand: Plattenbauten, an denen der Zahn der Zeit schneller nagt, als man das Geld für die Sanierung aufbringen kann. Riesige Wohnblöcke: grau, ohne Fenster und Türen, halb verfallen. Die Kacheln der Fassade sind zum größten Teil schon abgefallen und bilden kleine Scherbenhaufen um die Gebäude herum. Pflanzen, Tiere und manchmal auch ein paar Obdachlose haben sich dort eingerichtet. Waschbecken und sanitäre Anlagen sind herausgerissen und liegen verstreut zwischen Brennesseln und mannshohem Gras, oft nur noch als Trümmer.

„Die Russen haben uns das Leben hier nicht angenehm gemacht! Bei schönem Wetter sind sie durch die Hanackische Ebene mit ihren Düsenjägern ... Und immer über unsere Köpfe hinweg ... Ist ja auch ein ideales Übungsgelände: schön flach, überschaubar und begrenzt von den Bergen. Doch dieser Lärm, nicht auszuhalten. SSSSSSSSm, bwom, ständig haben die die Schallmauer durchbrochen!"

Groß und verlassen liegt der Flugplatz hinter den Kasernengebäuden; Grasbüschel wachsen zwischen den einzelnen Platten der Start- und Landebahn. Von hier sind sie also abgehoben, die MIGs, zum Übungsflug durch die Hanackische Ebene, rein in die Beskyden oder das Jesenik-Gebirge. Heute schrauben sich hier nur einmotorige Sportflugzeuge in den mährischen Himmel, und leise gleiten die Segelflugzeuge dahin. 1995 gab es hier zum letzten Mal einen großen Menschenauflauf, als

Papst Johannes Paul II. auf dem Flugplatz seine Abschlußmesse abhielt. Schön war das, sagen viele, und die Andenkenläden sind heute noch reichlich mit Papstartikeln versorgt. Doch der Papstbesuch von 1995 war von einem Skandal überschattet: Während seines Aufenthaltes in Olomouc sprach Johannes Paul II. den katholischen Priester Jan Sakander (1576–1620), dem im Zentrum eine neubarocke Minikapelle gewidmet ist, heilig. Sakander wurde im Olomoucer Gefängnis von den damals hier herrschenden Protestanten gefoltert und starb schließlich an den Folgen seines Martyriums. Die nicht katholischen Einwohner von Olomouc waren über die Heiligsprechung des Priesters polnischer Herkunft empört, denn sie behaupteten, daß auch Sakander nicht ganz unschuldig gewesen sei, denn schließlich habe dieser eine besonders anti-protestantische Linie vertreten und sei ein williges Werkzeug der Gegenreformation gewesen. Olomouc – ein Ort mit Geschichte.

Doch am Tag des Papstbesuchs war der sonst so verwaiste Flugplatz voll von Gläubigen, Schaulustigen. Denn auf das Rollfeld passen wesentlich mehr Menschen als in das Fußballstadion im Zentrum, in dem die hiesige Mannschaft SIGMA Olomouc ihre Gegner aus der ersten Liga empfängt und an guten Tagen sogar durchaus in der Lage ist, den alten und neuen tschechischen Meister SPARTA Praha zu schlagen.

Langsam beginnen die Aufräumarbeiten an dem Schandfleck am Rande der Stadt. Die ehemalige Unterbringung für die Offiziere der sowjetischen Armee ist noch gut in Schuß und dient weiter ihrem ursprünglichen Zweck als Wohnheim, jedoch für ausländische Lektoren und Studenten. Der dreistöckige Plattenbau strahlt noch einen leicht sozialistischen Charme aus: Flure mit greller Neonbeleuchtung, gelblich gehaltene, abwaschbare Wände, und am Ende eines jeden Ganges fristet eine Palme ihr kümmerliches Leben und soll für ein wenig Atmosphäre sorgen. Der Wasserkessel in der Gemeinschaftsküche ist das einzige, was von den ehemaligen Bewohnern noch übriggeblieben sei, wird dem Neuankömmling berichtet. Ansonsten sei das Wohnheim völlig saniert worden. Doch scheint man bei der Renovierung so behutsam wie nur möglich vorgegangen zu sein, um die Veränderungen möglichst gering zu halten. Auch an der Bewachung hat sich nichts geändert: Ausweiskontrolle für Besucher, Anmelden von Übernachtungsgästen und ständige Beaufsichtigung durch die allwissenden Vratnás (Pförtnerinnen, die mit einer Allmacht und Verfügungsgewalt ausgestattet sind, so daß jeder Bewohner gut daran tut, ein möglichst ungetrübtes Verhältnis zu ihnen zu haben).

Die bereits sanierten Gebäude, die das Lektorenwohnheim umgeben, sind kaum noch als ehemalige Plattenbauten zu erkennen: mit einem richtigen Dach und einem neuen Anstrich versehen, blicken sie ihren Besuchern freundlich entgegen. Ein bißchen Farbe kann viel verändern. Jetzt sitzt dort die Sportfakultät, und bald sollen auch neue Wohnheimplätze für Studenten entstehen.

„Auf dieser Straße kamen unsere Befreier“, ironischer Blick und dieses gewisse Grinsen, *„am 8. Mai 1945 nach Olomouc. Und hier ratterten dann auch über 20 Jahre später Nacht für Nacht die sowjetischen Panzer aus Olomouc in die nächste Garnisonsstadt ca. 26 km von hier. Jahrelang konnten die Menschen, deren Häuser an der Strecke lagen, kein Auge zutun. Nein, die Stimmung war wirklich nicht gut…“* Wem fällt dabei nicht die Szene aus dem Film „Kolja“ ein?

Das sowjetische Denkmal für die Befreiung von Olomouc steht noch am Rande des Stadtparks; von weitem erkennt man schon den roten Sowjetstern, der durch das Grün der Bäume leuchtet. Am 8. Mai, Feiertag in Tschechien, liegen rote Nelken, Kränze, Ehrenbezeugungen auf den Stufen des Denkmals. Doch die alte Gedenktafel ist ausgetauscht, der Text nun schlicht und neutral, ohne Pathos und "Ruhm der siegreichen Sowjetarmee".

1992 ging mit dem Abzug der 775 000 Mann starken sowjetischen Armee aus der damaligen ČSFR auch dieses Kapitel zu Ende, doch die negativen Erinnerungen werden auch hier noch lange lebendig bleiben. Viele nehmen mit Genugtuung wahr, daß im Sommer viele Russen und Ukrainer als Gastarbeiter und Erntehelfer nach Tschechien kommen.

„Denen geht es wirtschaftlich doch viel mieser als uns, daß sie zu uns kommen, um ihren kargen Lohn ein bißchen aufzubessern. So kann sich halt die Geschichte umkehren... Und überhaupt, nicht nur wirtschaftlich sind wir wesentlich bessergestellt, schließlich haben wir in Nagano auch gezeigt, daß wir im Eishockey mehr zu bieten haben als die Russen!“

Nicht zuletzt war sicherlich der Jubel und die Hochstimmung, die das Land tage- und wochenlang nach dem Sieg der Goldmedaille im Eishockey in Nagano überzogen und in ihrem Bann hielten, eine späte Antwort auf die militärische und politische Unterdrückung durch den „großen Bruder“. David und Goliath, Tschechen und Russen, Deutsche und Tschechen... Die Tschechen werden noch viele Olympiasiege brauchen, bis sie diese Ängste überwinden.

„Angst vor der Geschichte ist bei uns nicht nur Angst vor der Zukunft, sondern auch Angst vor der Vergangenheit. Ich würde sogar sagen, daß diese zwei Ängste sich gegenseitig bedingen. Wer das fürchtet, was sein wird, der fürchtet sich gewöhnlich auch davor, dem ins Gesicht zu sehen, was gewesen ist. Und wer sich fürchtet, seiner eigenen Vergangenheit ins Gesicht zu sehen, muß notwendigerweise auch das fürchten, was sein wird."

Václav Havel. (Auszug aus der „Ansprache zur Eröffnung der Salzburger Festspiele 1990", Rowohlt Taschenbuch Verlag, Reinbek 1991.)

Ukraine

Ina Mleinek

Sprechen und Reisen miteinander

Sprechen miteinander

... heißt einander zuprosten,
heißt reden übereinander,
heißt einander befehligen,
heißt weiter nichts.

Einander zuprosten
Saporoshje ist mit seinen reichlich 900 000 Einwohnern eine Großstadt und von daher gut versorgt. Das Stadtbild belebt sich langsam, aber stetig mit neuen Cafés. Ich lebte also autonom. Manchmal sehnte ich mich aber danach, etwas weniger unabhängig zu leben. Ich könnte mir vorstellen, ich wäre mangels Autonomie zwangsläufig mehr integriert gewesen am Lehrstuhl. Vielleicht hätte man sich doch etwas mehr um mein Wohlergehen gekümmert. So waren die menschlichen Kontakte dort aufs Toasten und Prosten bei mancherlei Anlässen beschränkt, was ich doch sehr bedauere.
Reden übereinander
Trotz ihrer Größe ist Saporoshje eine Provinzstadt geblieben. Auch der Lehrstuhl ist ein familiärer Raum, in dem jeder jeden kennt, man über diesen oder jenen Schüler, nein natürlich Studenten, schimpft, einen anderen lobt. Sachthemen werden fast nie aufgegriffen. Der Dekan kommt ab und zu in seine Schöpfung, betrachtet die Damen wohlgefällig, nimmt sie scherzhaft „auf den Arm". Seine Stipvisite ist beendet. Alles weitere wird im Chefzimmer mit wichtigeren Personen besprochen.

Einander befehligen

Der Befehlston ist allgegenwärtig, natürlich auch am Lehrstuhl, nach dem Motto: Morgen fährst du nach Kiew! Erklärungen werden bestenfalls auf erstaunte Anfrage hinterhergeliefert. Wenn Streß angesagt ist, gehen manchmal alle Umgangsformen über Bord, Zuständigkeiten sind ungeklärt, und das Durcheinander ist perfekt. Telefonierte ich, wurde mir häufig unangenehm bewußt, wie sehr ich selbst diesen rauhen Umgangston angenommen hatte.

Richtig entspannte ich mich eigentlich nur, wenn ich mit einfachen Menschen redete, die wohltuend für sich akzeptiert hatten, daß sie in diesem Lande nichts zu reglementieren haben. Sich mit ihnen unterhalten, war das reinste Vergnügen. Und es verdient auch diesen Namen. Da waren der Angler auf der wunderschönen Insel „Chortiza", der seinen Fang des Jahres machen wollte, oder die Bäuerin, in deren Vorstellung Deutschland ein reines Agrarland ist. Soviel Naivität mußte ich leider zerstören, doch ihre Neugier wurde angestachelt, und so hatte ich für einen langen Nachmittag eine willige Gesprächspartnerin.

Häufig war es gerade nicht das Fremde, sondern das Nahe, das mir Vertraute, wonach ich suchte. Ich glaube, Kinderspielplätze sind ideale Orte, um all das Merkwürdige dieses Landes aus dem Kopf zu bekommen, denn hier gibt es nichts Merkwürdiges und trotzdem pausenlos Aufregendes zu beobachten. So man will, kann man frei seine Studien zur Kindersprache treiben.

Auf Volksfesten wurde mir sogar richtig warm ums Herz. Ein besonderes dieser Art fand am 9. Mai, dem Tag der Befreiung (in der Ukraine der Tag des Sieges über Hitlerdeutschland), auf dem Oktoberplatz statt. Alljährlich, auch nach dem Zusammenbruch der Sowjetunion, wird den Veteranen des Krieges gehuldigt. Die Zahl der Kriegsteilnehmer sinkt allerdings stetig, und gleichzeitig ist ein wohltuendes Nachlassen allen martialischen Gehabes rund um diesen Gedenktag zu spüren. Dem eigentlichen Festakt wird nur noch ein marginaler Raum gewährt. Er wirkt wie ein Zugeständnis an die ältere Generation: Man will ihren Kampf und ihre Entbehrungen verständlicherweise nicht der Vergessenheit anheimfallen lassen. Besinnliche Stimmung wird aber nicht gefördert. Die Kinder haben mit diesem düsteren und gleichzeitig stolz erhabenen Hintergrund nichts zu tun, und sie werden in Ruhe gelassen. Sie kommen voll auf ihre Kosten. Eine Fallschirmspringergarde setzte zwischen den Bäumen des Platzes auf den Punkt genau auf, worauf die Kinder versuchten, mit einem solchen windgebeutelten Schirm im Schlepptau über die Wiese zu stürmen. Sportflugzeuge verstreuten Flugblätter mit Grußbotschaften. Am Abend gab es gar ein Feuerwerk, und Massen von Jugendlichen wurden von Technobands angezogen. An so einem Tag lebte die Stadt seltsam auf. Saporoshje gab es tatsächlich. Sicher würde ich mich in Deutschland kaum auf ein Volksfest verirren. Die Anlässe sind oft zu banal, und das krampfig regionale Festefeiern geht mir gegen den Strich. Doch der Hintergrund dieses Gedenktages ist zu wichtig und zu ernst, als daß man interessiert schaute, wie er hier und jetzt begangen wird: als Volksfest, sicher in Deutschland geschichtsbedingt undenkbar.

Interessante Menschen, so dachte ich mir, lernt man auch auf Reisen kennen, wenn man auf freundliche Menschen gewissermaßen angewiesen ist. So versuchte ich, den Wunsch sooft wie möglich in die Tat umzusetzen.

Reisen in der Ukraine

Wer in der Ukraine reisen will, sollte viel Zeit mitbringen. Wochenendtrips sind zeitlich kaum machbar. Ob mit Auto, Bus oder Eisenbahn – man kommt nur im Schneckentempo voran. Um irgendwo wenigstens kurz gewesen zu sein, braucht man drei Tage. Als Nichtautobesitzerin kamen für mich natürlich nur Zug- oder Busreisen in Frage.

Reisen ist heutzutage eine teure Angelegenheit, die sich immer weniger Ukrainer leisten können. Die Züge werden von Saison zu Saison leerer. Viele Zug- und Buslinien (auch Inlandsflüge) wurden daraufhin aus dem Fahrplan genommen. Niemand gönnt sich eine Reise einfach so, um einmal etwas anderes kennenzulernen oder sich zu erholen, nicht einmal mit Rucksack und Zelt. Das machen nur die „dikary", die Wilden. Der oder die Ukrainerin reist hauptsächlich in Geschäften. Doch jeder Ukrainer fühlt in sich eine heimliche Sehnsucht nach der Krim.

Beim Reisen mit Zug lernt man den Ukrainer als äußerst erfindungsreichen Verpackungskünstler kennen. Er kommt auf die kreativsten Ideen, die obendrein noch rohstoffsparend sind, um seine belegten Brote, gefüllten Teigtaschen und Buletten zu verpacken und gleichzeitig frisch zu halten. Beispielsweise verwendet er dazu Tetra-Packs. Ihre wärmeisolierende Wirkung haben wir im Westen überhaupt noch nicht zur Kenntnis genommen.

Von der sprichwörtlichen Gastfreundschaft habe ich eigentlich nur auf Reisen etwas bemerkt. Es ist ansonsten nicht üblich, jemanden einzuladen, denn dann müßte die einladende Seite ja ihre Adresse preisgeben (die etwa so geheim ist wie in Deutschland die Höhe des Gehalts). Außerdem stünde der Einladende unter dem mörderischen Zwang, eine Tafel zu bereiten, die sich unter der Last der Feinschmeckereien biegt. Die eingeladene Seite fühlt sich dagegen äußerst unwohl ob eines solch unverhältnismäßigen Angebots. Dadurch sind unbeschwerte Kontakte kaum möglich. Pech für mich, die ich mich einfach unterhalten will. Besser ist reisen. Da erfährt man unter anderem, daß der schönste Ausflug nicht komplett ist, wenn kein Schaschlik vorhanden ist, um es zünftig auf einem Lagerfeuer vor herrlicher Kulisse zu grillen. Und das schmeckt tatsächlich vorzüglich.

Bereist habe ich einige Orte, doch gegen die Krim und L'viv kommt nichts an. Die galizische Schönheit mausert sich immer mehr zur einzigartigen Sehenswürdigkeit mit tragfähigen Kontakten nach Polen und weiter westwärts. Die Anbindung an Europa ist deutlich sichtbar. Die Anzahl der Polizisten pro Einwohner (im ukrainischen Durchschnitt liegt diese bei einem Polizisten auf drei Einwohner) dürfte zwar in L'viv sichtlich höher sein als in der gesamten Ukraine, doch sind die Polizisten hier sehr zur Freude der Passanten weniger penetrant als anderswo.

„Askanija Nova", ein Naturschutzgebiet mit Zoo und einer kleinen Siedlung, die dieses Gebiet bewirtschaftet, ist ein besonders negatives Beispiel. Das Dorf besteht eigentlich so gut wie nur aus Polizisten, wenn auch nicht alle Bewohner in Uniform stecken. Als Zivilisten versehen sie ihren Dienst genauso radikal. Die Angst vor Spionen ist hier allgegenwärtig. Kaum betritt man die Straße, wird man als sich bewegende Zielscheibe angesehen. Geht man die falsche Seitenstraße ab, wird man angehalten – ich von einem Herrn auf dem Fahrrad, der mich höchst dreist befragte. Die Fragen sind immer dieselben: Woher ich komme, was ich hier mache, wozu ich hier sei, ob ich eine „putjovka“, einen Urlaubscheque, habe. Nachdem ich zugab, daß ich hierher als Privatperson aus Interesse und ohne Urlaubscheque gereist sei, gingen die Fragen von vorn oder besser von hinten los. Etwas hinterhältig naiv begehrte ich auf: Ob ich etwas Verbotenes tue, wollte ich wissen. Er wurde weicher und fragte, was ich denn begehre zu sehen. Darauf wurde ich forscher und wollte natürlich alles sehen, so wie es sich für jemanden gehört, der aus reinem Interesse Strapazen auf sich nimmt, um in dieses Kaff zu gelangen. Wir traten durch ein Tor. Er lullte mich noch etwas ein mit abgestandenem Gewinsel, keine Fremdsprache zu beherrschen und sagte mir dann urplötzlich, ohne Ankündigung, ich sei verhaftet. Äh, wie bitte? Ja, ganz richtig, verhaftet! Ohne groß nachzudenken, in panischer Angst vor ukrainischen Gefängnissen, aus denen mich wahrscheinlich niemand mehr herausholen kann, rannte ich los, rannte und rannte bis zum Hotel, wenn man diesen Namen dafür gelten lassen will.

Auch in einer Siedlung, einem Dorf oder was dergleichen administrative Begriffe für Anhäufungen von 50 000 bis 100 000 Menschen auf dem Lande existieren mögen, gibt es ein Hotel. Denn der Kolchos oder Sovchos vor Ort hat einmal entschieden, daß es so etwas wie ein Hotel geben müsse, und so wurde es eben gebaut. Ein Raum in so einem netten Hotel ist nun aber eher für Gespenster heimelig, als für einen Menschen mit Gemüt; den Charme eines kleinen Klassenzimmers hat solch ein Raum: absolut kahle Wände, die hellblaue Ölfarbe darauf glänzt. Kein Ort, wo der Blick sich festhalten kann. Er rutscht aus auf der kalt leuchtenden, glatten Wand, fällt auf den Fußboden: Linoleumbelag. Die Scheuerleisten beherbergen scheinbar Massen unkoordiniert sich verknäulender Ameisentrüppchen. Steht etwas Eßbares im

Raum, so nehmen sie garantiert Kurs darauf. An der Wand steht ein einsames Bett. Die speckige Matratze, die ich erst noch beziehen muß, lädt nicht ein zum Verweilen. Von der Decke baumelt eine Glühlampe. Ihre 40 Watt geben schauerliches Zwielicht. Lesen kann ich so jedenfalls nicht; schlafen in dem klammen Bett erst, nachdem ich mich innerlich von diesem Raum distanziert habe.

Trotz solcher und ähnlicher Erfahrungen möchte ich meine Erlebnisse auch wiederum nicht missen. Gepflegte Langeweile kommt in Deutschland schon genug auf.

Hat man Freunde, kann das Reisen in der Ukraine auch sehr angenehm sein, nämlich mit Auto. Diese Freunde sorgen sich um einen, helfen, kennen die Klippen, die man umschiffen muß. Leider muß man schon Glück haben, Freunde zu finden, die auch noch gerne reisen.

Ellen Gaus
Donezk – Frankfurt

Wie komme ich jetzt am besten von Donezk nach Deutschland? So lautet die Frage, die ich mir kurz vor Weihnachten stelle. Nun, es gibt mehrere Varianten zur Auswahl. Da wäre beispielsweise eine Busreise im Angebot. Supergünstig! Für 'nen Appel und 'n Ei von Kiew nach Berlin. Das dauert lächerliche 30 Stunden. O je! Bei der Vorstellung allein tun mir schon die Beine weh. Außerdem müßte ich noch mit dem Zug nach Kiew fahren. Die 600 km schafft der blaugelbe Paradeflitzer der ukrainischen Eisenbahn mit dem wohlklingenden Namen „Ugolok" in schlappen 17 Stunden. Mit etwas Glück ist er auch unbeheizt. Besonders im Winter ist das eine ganz reizende Perspektive. Die Fahrt mit dem Zug von Kiew nach Berlin zieht sich auch über 32 Stunden hin. Nein, dazu habe ich wirklich keine Lust. Wie steht es also mit den Fluglinien? Die meisten fliegen von Kiew aus. Also müßte ich doch wieder mit dem Zug dorthin fahren. Und die ganze Reise würde zwei Tage in Anspruch nehmen. Wie gut, daß es da noch die „Avialinia Donbass" gibt! Die machen im Radio immer so tolle Werbung: „Verehrte Kunden! Wir haben eine neue Reiseroute für Sie eröffnet. Speziell für Sie ... Donezk – Frankfurt. Haben Sie Fragen, so wenden Sie sich bitte an unser hauseigenes Reisebüro unter der Nummer ... – Wir freuen uns schon sehr auf Ihren Besuch." Bei solch übermäßiger – für diesen Landstrich äußerst untypischen – Höflichkeit seitens des Verkäufers könnten die potentiellen Kunden beinahe mißtrauisch werden. Trotzdem mache ich mich flugs auf den Weg zur „Aviakassa". Das

Ticket bekomme ich dort ohne Probleme, und ich erfahre, daß es einen Zwischenstopp in Moldawien gibt. Toll, da war ich noch nie! Dann lerne ich zumindest mal den Flughafen von Kischinew kennen. Allerdings wird mir etwas mulmig zumute, als ein anderer Reisewilliger fragt, ob das Flugzeug, in das wir in Kischinew umsteigen müssen, gegebenenfalls auf unsere Maschine warten würde. Denn beim letzten Mal habe er dort auf eigene Kosten ein anderes Flugzeug nehmen müssen, da die Maschine aus Donezk mit großer Verspätung eintraf. – Das sei überhaupt kein Problem, versichert die freundliche Dame am Schalter, er müsse seine Forderungen doch lediglich dem Repräsentanten der „Avialinia Donbass" darlegen. – Ich kann mir bildhaft vorstellen, wie ein solches Gespräch verlaufen würde. Wie dem auch sei. Ich bin jetzt im Besitz eines Tickets, also fliege ich auch, und zwar um sieben Uhr morgens. Das ist natürlich nicht so angenehm, denn ich soll ja zwei Stunden vor Abflug zum Einchecken kommen. Fünf Uhr morgens! Na ja, Morgenstund' hat Gold im Mund. Auf die Fragen meiner Eltern, wann und wie ich denn nach Hause komme, antworte ich lieber ganz unbestimmt: „Mit dem Flugzeug", ohne nähere Angaben zur Gesellschaft und zum Abflugsort zu machen. Das erspart mir einige sicher sehr gutgemeinte, aber nicht stimmungsfördernde Tiraden.

Am Vorabend des Reisemorgens ist es dann so weit: telefonieren, Freunden einen guten Rutsch und ein Frohes Fest wünschen und den Koffer noch einmal packen. Eine Kollegin mußte mir nämlich unbedingt noch Krimsekt in mehreren Variationen aus der örtlichen Kellerei und typisch ukrainischen Gorilka (Wodka) mitgeben. Es gehe nicht an, daß ich ohne diese Nationalgetränke nach Hause fahre. Mein Gegenargument, daß ich nur 20 kg Gepäck mitnehmen dürfe und eine Flasche schon beinahe 1 kg wiege, stößt auf völliges Unverständnis. Und dann ist da noch die armenische Kaffeemühle von der Mutter einer Studentin (denn merke: Nur Armenier können Kaffee richtig zubereiten).

Da zu so früher Stunde noch keine Busse fahren, bestelle ich mir ein Taxi: „051 – Privattaxi – Guten Abend. Ja, 4.30 Uhr zum Flughafen, geht in Ordnung. Wir rufen Sie kurz vorher an und teilen Ihnen die Wagennummer mit." – Ich finde, daß dieses Gespräch durchaus etwas Konspiratives an sich hat: „IM – Privat aktionsbereit – warte auf weitere Instruktionen." – Die hätte ich auch besser gegeben! – Der Taxifahrer findet, wie sollte es anders sein, meinen Hauseingang nicht, denn die Zufahrt zu unserem Wohnblock erfolgt von einer anderen als der angegebenen Straße. Also laufe ich mitsamt Gepäck (hätte ich die edlen Flaschen doch noch mit Freunden geleert!) zur Straße vor und winke dem Taxifahrer zu. Er ist inzwischen das dritte Mal um den Block und an mir vorbeigefahren, als er mich sieht und anhält. Er fühlt sich wahrscheinlich wie Michael Schumacher auf dem Nürburgring. Nachdem er mein Gepäck im Kofferraum verstaut hat und es eigentlich losgehen könnte, spielt seine „Inomarka" (ausländisches Auto, in diesem Fall ein deutsches Luxusfabrikat älteren Baujahrs) nicht mit. Sie will partout nicht anspringen. Gut, daß ich am Hügel wohne. Schon ganz mit den Besonderheiten seines Gefährts vertraut, läßt der Fahrer das Auto rückwärts den Berg hinunterrollen. Sein Kommentar: „Trick 17 funktioniert doch immer wieder gut!" – Stimmt, der Wagen springt an.

Donezk schläft, es ist noch dunkel, und nur ganz vereinzelt sieht man einen Dontschanin oder eine Dontschanka (Einwohner von Donezk). Es dauert sicher nicht mehr lange, bis sich die Straßen füllen, denn um sechs

Uhr läutet das Nebelhorn des größten Metallurgiewerks von Donezk die Frühschicht ein, und die Milchwagen von den umliegenden Kolchosen fahren in die Wohnviertel, um dort *kuh*frische Milch und Milchprodukte zu verkaufen. Um die Anwohner über die Ankunft des motorisierten Milchfasses zu informieren, geht der größte Schreihals der Kolchose (wahrscheinlich findet dort jedes Jahr ein Schreiwettbewerb statt, und der Sieger darf dann mit in die Stadt zum Verkauf fahren) durchs Viertel und brüllt inbrünstig: MO – LO – KOOO!!! (Milch) Wer also nach 6.30 Uhr aufstehen muß, der benötigt keinen Wecker. Praktisch, nicht?!?

Wie die Stadt, so liegt auch der Flughafen noch in tiefem Schlummer. Warum mußte ich das mit den zwei Stunden auch wörtlich nehmen? In der Eingangshalle sitzt eine einsame Babuschka, die Bücher und Zeitungen verkauft. Nach und nach treffen die uniformierten Bediensteten ein. Andere Passagiere sind nicht auszumachen. Um sechs Uhr teilt mir die Zeitungsbabuschka mit, daß ich jetzt zum Check-in in die zweite Etage gehen könne. Fahrstuhl und Rolltreppe haben sich gut versteckt. Ich kann sie nicht finden. Also geht es zu Fuß die Treppe hinauf. Neben der Treppe befindet sich eine Gepäckwaage. Ich kann der Versuchung nicht widerstehen und erhalte auch prompt die Bestätigung, daß mein Gepäck das zulässige Höchstgewicht um ein halbes Dutzend Kilo überschreitet. Hätten sie die Waage nicht oben aufstellen können? Dann hätte der bepackte Passagier die Plackerei schon hinter sich, wenn er das gewichtige Resultat seiner „Das muß unbedingt mit"-Packaktion zahlenmäßig vor Augen hat. Es sind nur 25 Stufen, spreche ich mir selbst Mut zu und knöpfe schon mal vorsorglich meine Felljacke auf. – Warum habe ich die eigentlich angezogen? Die Außentemperatur bewegt sich doch um für Dezember ungewöhnlich milde Null Grad. Na ja, wahrscheinlich wollte ich meinen Angehörigen daheim nicht die Illusion vom kalten Osten nehmen. – Hochroten Kopfes komme ich dann irgendwann oben an, und einzig der Gedanke, am Abend in meinem Lieblingssessel zu sitzen, bewahrt mich vor einem rapiden Stimmungsabfall.

Paß- und Zollkontrolle habe ich schnell und komplikationslos hinter mir, und das befürchtete Wiegen des Gepäcks fällt aus wegen Nebel. Tja, das ist die Kehrseite des warmen Wetters. Die mittlere Sicht beträgt etwa 50 cm. Ob das mit dem Start wohl klappt? Inzwischen haben sich auch die anderen Passagiere eingefunden. Wir fliegen in gemütlicher Runde zu siebt. Gegen halb sieben taucht im Eiltempo der Repräsentant der „Avialinia" auf und drängt uns zum Transferbus. „Schnell, schnell. Wir müssen uns beeilen. Wir haben schon keine Zeit mehr." Im sogenannten Bus, eine Art LKW-Anhänger, gibt es keine Sitze – nur eine Ablage für das Gepäck, das wir gleich selbst mitnehmen. Die Fahrt zur Maschine entpuppt sich als Kirmesattraktion, denn das Rollfeld könnte man auch Geröllfeld nennen, und wir werden kräftig durchgerüttelt. Als wir am Flugzeug ankommen, ist es schon fast hell, doch sehen können wir fast nichts, und wir verstehen nun auch, warum der Repräsentant uns zur Eile drängte. Im Tower fand gerade der Wachwechsel statt, und wir sollten die Gunst der Sekunde nutzen und starten. Das hat ja nun leider nicht geklappt. Jetzt befinden wir uns also in der eiskalten, unbeheizten Maschine, haben freie Wahl der Plätze und warten. Das Interieur erinnert an Camping-Möbel. Die Sitze kann man ganz bequem umklappen. Das ist von Vorteil, erhöht die Beinfreiheit. Andererseits hat diese ganze Sache durchaus etwas Abenteuerliches an sich. Alle Vorurteile gegen Ost-Fluglinien ziehen blitzschnell an meinem geistigen Auge vorbei. Hätte ich vielleicht doch lieber von Kiew, also von einem zivilisierten Flughafen aus, fliegen sollen? Egal, jetzt sitze ich hier. Bis auf die Stewardeß haben wir von der Crew noch niemanden zu Gesicht bekommen. Langsam, aber sicher wird mir kalt. Hinter mir sitzt Sweta, sehr elegant, eingemummelt in einen Pelzmantel, aber dennoch frierend, denn sie trägt ein Kostüm und Stöckler. Sie möchte ihre Tochter, die in Deutschland studiert, besuchen. Dann ist da noch Mischa aus Kischinew, der dienstlich in Donezk war. Er, ganz Kavalier alter Schule, bietet Sweta seine Winterjacke an, denn er hat ja schließlich noch eine wärmende Pelzkappe auf dem Kopf. Zwei Donezker Geschäftsleute plus Dolmetscherin mit Reiseziel Frankfurt und ein französischer Student, der, seinem Sommermantel nach zu urteilen, in seinen Träumen schon an der Côte d'Azur weilt, komplettieren unsere Runde. Die Stewardeß versucht, uns mit wärmenden Worten die Wartezeit zu verkürzen. Die Raucher versuchen, ihr mit allen möglichen Argumenten die Raucherlaubnis abzuluchsen. Aber nichts zu machen. Sie bleibt hart. Die Dolmetscherin löst mit Hilfe der anderen Passagiere ein Kreuzworträtsel, und trotz der Kälte tauen wir langsam auf. Mittlerweile ist es halb acht, und Sweta macht sich um den Anschlußflug in Kischinew Sorgen. Der eine Geschäftsmann zückt sein Handy. Doch ehe er es nur anschalten kann, kommt unsere gute Fee (die übrigens große Ähnlichkeit mit der KGB-Frau aus dem James-Bond-Film „Liebesgrüße aus Moskau" hat, also die, die mit ihrer vergifteten Schuhspitze den Superspion Ihrer Majestät ins Jenseits befördern möchte) und erinnert ihn daran, daß das Benutzen von Mobiltelefonen im Flugzeug nicht gestattet sei. Zwischenzeitlich verschwindet sie im Cockpit. Als sie uns das nächste Mal beehrt, hat sie den Copiloten im Schlepptau. Er baut sich vor unserer Handy-Connection auf und wir, der Rest der fröstelnd-fröhlichen Reisegruppe, warten gespannt auf die nun unweigerlich folgenden ermahnenden Worte. Ha, der Schelm! Er bittet lediglich um das Handy, weil er seiner Frau noch dringend etwas ganz Wichtiges mitteilen muß. Das Gelächter ist ziemlich groß, und das Eis zwischen uns ist endgültig gebrochen. Sweta unkt jetzt ununterbrochen. Sie glaubt nicht mehr an einen baldigen Start und fürchtet, in Kischinew den Anschluß zu verpassen. Sie schlägt vor, den Repräsentanten zur Herausgabe des Geldes für das Tikket zu bewegen und gemeinsam nach Kiew zu fahren. Mischa läßt das kalt. Er muß sowieso nur nach Kischinew. Aber ganz feuriger Südländer lädt er alle, insbesondere Sweta, zu sich nach Hause ein. Er habe eine liebe Frau, die nichts lieber möchte als uns kennenlernen, und dann gebe es noch seinen selbst angesetzten Wein. Nein, wir müssen ihn auf jeden Fall in der Hauptstadt des sonnigen Moldawien besuchen. Und wer will schon nach Frankfurt ins kalte Germanien! – Einer der Geschäftsleute spricht sich dafür aus, einen Wodka zum Aufwärmen zu organisieren. Meine Souvenir-Flasche lehnen sie aber entrüstet ab. Die müsse ich schließlich mit meinen Eltern trinken. Mittlerweile sind anderthalb Stunden vergangen, und wir wandern fröstelnd in der Maschine herum. Die Stewardeß hat leider nichts Wärmendes an Bord, und die elektrischen Geräte sind noch nicht betriebsbereit. Unmut macht sich breit. Niemand versteht, warum wir nicht im warmen Flughafengebäude auf die Starterlaubnis warten können. Nach langem Zögern willigt der Repräsentant ein und läßt den Transferbus vorfahren. Es ist inzwischen halb zehn, und wir kehren glücklich in das beheizte Flughafengebäude zurück und genießen einen heißen Kaffee in der Duty-Free-Bar und führen wichtige Telefonate mit dem Handy unseres Mitreisenden. Keine zehn Minuten später kommt der Aufruf für die Passagiere nach Frankfurt. Im Laufschritt geht's zum Shuttle- (Schüttel-) Bus und zum Flugzeug. Der Tower hat endlich die Starterlaubnis gegeben. Wieder im Flugzeug teilt uns die Stewardeß mit, daß wir leider zu langsam waren, obwohl ich mir sicher bin, daß wir alle wirklich unser bestes gegeben haben, sozusagen einen Gepäcksprint. Der Nebel sei wieder dichter geworden… Sweta ist einem Nervenzusammenbruch nahe, und wir haben wirklich alle Hände voll zu tun, sie vor einem hysterischen Ausbruch zu bewahren.

Aber nach weiteren zehn Minuten dröhnen die Motoren unserer Propellermaschine, und alles beginnt zu vibrieren. Endlich geht es los gen Kischinew. Und die Heizung funktioniert auch. Bald sind alle unsere frostigen Gedanken vergessen. Als wir zweieinhalb Stunden später das sonnige Moldawien mit seinen Weinbergen überfliegen, fühlen wir uns wie auf einer Urlaubstour in den Süden. In Kischinew erfahren wir, daß unsere Maschine zum Weiterflug nach Frankfurt erst in einer Stunde landen wird. Leider geht uns damit die Bekanntschaft von Mischas Frau sowie sein selbst angesetzter Wein durch die Lappen. Vielleicht beim nächsten Mal… Aber dafür haben wir nun genügend Zeit, noch einen moldawischen Cognac zu genießen. Den Wodka zum Aufwärmen brauchen wir ja nicht mehr. Als wir uns dann zum Weiterflug nach Frankfurt anschicken, stellen wir fest, daß mit uns eine Gruppe amerikanischer Missionare fliegen wird. Sie tragen ganz stolz ihre Windjacke mit dem Aufdruck: „Moldawien-Mission 1998“. Das räumt bei mir nun alle Zweifel aus: Wir haben jetzt schließlich den direkten Draht nach oben, und tatsächlich – ohne weitere Zwischenfälle düsen wir dem Ziel entgegen. Mit nur drei Stunden Verspätung landen wir in Frankfurt.

Die gesamte Reise hat letzten Endes zwölf Stunden gedauert. Schneller geht's fast nicht (o. k., ohne Nebel wären wir wahrscheinlich direkt ins Guinness Buch der Rekorde geflogen, aber wer will das schon?). Und so ein bißchen Außerplanmäßigkeit in unserer ansonsten so durchorganisierten Welt kann wohl nicht schaden, oder?!

Lenore Becks

Wenn man in die Fremde drängt

Die Anreise

Mein Jahr in der Ukraine begann so abenteuerlich, wie ich es bereits in jenem August '97 in München befürchtet hatte. Allein die Anreise zu meinem Einsatzort Luzk in der Westukraine ist erzählenswert. Sie zog sich von Samstagmittag bis Dienstagmorgen hin und war ziemlich aufregend.

Eine Freundin hatte mich am Samstag zum Zug gebracht, und die achtstündige Fahrt von München nach Berlin verlief friedlich und sehr gemütlich. Ein leerer Zug, die Taschen voller schmackhafter, frischer Marschverpflegung und gute Lektüre. In Berlin-Lichtenberg fing dann das Übel an. Ich konnte meinen Riesenkoffer, den Rucksack und die zwei Taschen unter keinen Umständen allein fortbewegen, und auf dem ganzen Bahnsteig war kein freier Gepäckwagen aufzutreiben.

Des Rätsels Lösung war schnell gefunden, an diesem Abend fuhren drei Züge in Richtung Rußland (und zwar nach Moskau, St. Petersburg und Kiew), und die Russen hatten mit ihren Unmengen von Gepäckstücken bereits alle vorhandenen Gepäckwagen belegt (wohlgemerkt 1,5 Stunden vor der Abfahrt des Zuges). Mit viel Geschick und Durchsetzungsvermögen (den Schlüsselqualifikationen aller Robert Bosch-Lektoren) gelang es mir dann doch noch einen Wagen zu ergattern und mein Gepäck zum richtigen Bahnsteig zu transportieren. Schon zu diesem Zeitpunkt schien ich mich in Rußland zu befinden. Kaum noch ein Deutscher zu sehen – nur russische Gesprächsfetzen um die Ohren.

Bei der Einfahrt des Zuges um 22.50 Uhr begann dann das eigentliche Chaos. Da der Zug den Bahnhof planmäßig um 23.03 Uhr wieder verlassen sollte, blieben uns nur zehn Minuten zum Einsteigen. Und das ist eine sehr kurze Zeitspanne, wenn man bedenkt, daß schon hier das russische System zum Tragen kommt. Das heißt, zunächst muß man seinen reservierten Wagen finden, und der befindet sich natürlich niemals dort, wo er sich laut Anzeigetafel auf dem Bahnsteig (die hatte man selbstverständlich zuvor ausgiebig studiert, um sich in die richtige Einstiegsposition zu bringen) befinden sollte. Es stellte sich heraus, daß mein reservierter Wagen der letzte des ganzen Zuges war. Die zweite Besonderheit des russischen Systems ist es, daß zum Einsteigen in den reservierten Wagen nur eine Tür geöffnet wird. Vor dieser Tür steht der Zugbegleiter, der die Fahrkarten und Platzreservierungen kontrolliert. Der meinige hatte schon zu diesem Zeitpunkt eine bedeutende Alkoholfahne, der ich mehr Beachtung hätte schenken sollen, wie sich später noch herausstellte. Die Katastrophe brach dann aus, als die ungefähr 50 Personen (der Schlafwagen war natürlich voll ausgebucht), die in diesen Wagen einsteigen wollten, in den verbleibenden fünf Minuten mit all ihren tausend Gepäckstücken durch die einzige Tür drängten. Ich bin wirklich stolz auf mich, daß auch ich es geschafft habe, meine Gepäckstücke in den Zug zu hieven, um dann – manövrierungsunfähig, eingeklemmt zwischen Toilette und Gang – den weiteren Ansturm über mich ergehen zu lassen. Man muß noch hinzufügen, daß das fehlende Licht im Wagen und der Verschluß von einigen Abteilen als erschwerende Umstände hinzukamen und somit die ganze Situation noch verschärften. Als der Zug sich pünktlich in Bewegung setzte, hatten wir einen hektischen Deutschen als blinden Passagier an Bord, der es nicht mehr geschafft hatte, rechtzeitig auszusteigen. Er hatte – ganz Kavalier – seiner russischen Bekannten die Koffer in den Zug getragen und war nun hier im Chaos gestrandet. In Frankfurt/Oder wurden wir ihn wieder los.

Nach einiger Zeit gelang es dann auch mir, meiner mißlichen Toiletten-Tür-Angel-Position zu entkommen und mein Abteil aufzusuchen. Zwei nette Mädchen stellten sich als meine Reisegefährtinnen für die nächsten zwei Tage heraus. Das eine Mädchen aus Kiew war zu diesem Zeitpunkt eher ein Häufchen Unglück, den Tränen nahe. Bei dem katastrophalen Einstieg war ihr nämlich eine Tasche abhanden gekommen, die sie nun auf dem Bahnsteig von Berlin-Lichtenberg vermutete. Die besagte Tasche fand sich dann übrigens zwei Stunden später im Nachbarabteil wieder. Mit Varia aus Simferopol verstand ich mich auf Anhieb sehr gut. Sie hatte gerade fünf Monate als Studentin in Deutschland verbracht und fuhr nun zum ersten Mal wieder nach Hause. Wir begannen eine intensive Unterhaltung über mehrere Stunden, der ich wohl verdanke, daß ich in dieser Nacht sehr gut geschlafen habe. Der folgende Tag im Zug verlief angenehm: mit Teetrinken, essen, Gesprächeführen, lesen, schlafen, aus dem Fenster schauen und den Reifenwechsel in Jagodin an der Grenze zwischen Polen und der Ukraine beobachten und kommentieren.

Das nächste Abenteuer ereignete sich im Zusammenhang mit meinem Ausstieg aus dem Zug. Um nach Luzk zu gelangen, muß man in Kivercy aussteigen, das ist ein kleiner Haltepunkt auf der Strecke Berlin-Kiew. Planmäßige Ankunft in Kivercy war 21.49 Uhr am Sonntagabend, und ich hatte den Zugbegleiter bereits eine Stunde vorher über meinen bevorstehenden Ausstieg unterrichtet. Kivercy ist eigentlich ein Dorf, liegt aber nur 15 km von Luzk entfernt, und der Zug hält – aus welchem Grund auch immer – nur hier und nicht in Luzk selbst. Zu bemerken ist hierbei noch, daß ich der einzige Passagier war, der hier aussteigen wollte. Der Rest der Reisenden fuhr weiter bis nach Kiew. Ich war auch die einzige Deutsche oder Ausländerin unter meinen Mitreisenden. Mit Hilfe meiner beiden Abteilgenossinnen hatte ich mein Gepäck zur Tür gebracht, und wir hielten am Fenster Ausschau nach dem Bahnhof. Der Zug würde dort nur drei Minuten halten, und ich durfte die Haltestelle nicht verpassen. Man konnte sich nie sicher sein, ob der Bahnhof nach Fahrplan angefahren werden würde; bei den vorherigen Haltepunkten hatten jedenfalls die An- und Abfahrtszeiten niemals gestimmt. Schließlich glaubten wir, daß wir uns Kivercy näherten und eilten zur Tür, um uns zu verabschieden und meinen Ausstieg vorzubereiten. Tatsächlich, der Zug hielt, aber vom Zugbegleiter war weit und breit keine Spur, und ohne Zugbegleiter ließ sich diese verflixte Tür nicht öffnen. Der Mann lag in seinem Abteil und schlief fest und war auch nicht so leicht wach zu kriegen. Der den ganzen Tag über genossene Alkohol hatte ihn in einen tiefen Schlummer fallen lassen. In Panik eilte ich wieder zurück zur Tür, es gelang mir nun doch, sie zu öffnen. Der Zug war bereits wieder in Bewegung, der Bahnsteig weit unten und zum Sprung aus dem fahrenden Zug fehlte mir nun doch der Mut. Verdammte Scheiße! Ich wurde doch am Bahnhof erwartet. Der endlich erwachte Zugbegleiter eröffnete mir, daß da nun nichts mehr zu machen sei, und ich ja sowieso eine Fahrkarte bis Kiew habe. Ich hätte ihn umbringen mögen und machte mich daran, die Notbremse zu ziehen. Gegen dieses Vorhaben entwickelte er jedoch plötzlich einen intensiven Widerstand. So überließ ich es meinen beiden Reisebegleiterinnen, diese unglückselige

Gestalt mit Vorwürfen und Schimpfwörtern zu bedenken und ergab mich meinem Schicksal. Lagebesprechung bei Tee und Keksen – ich ließ mich davon überzeugen, daß es die beste Lösung sei, bis nach Kiew zu fahren und von dort aus wieder zurück nach Luzk. Die zweite Nacht im Zug.

Kiew erreichten wir gegen sieben Uhr am nächsten Morgen. Ich hatte nun einiges zu erledigen: Fahrkarte zurück nach Luzk kaufen, Gepäck aufgeben und die Lehrstuhlleiterin der deutschen Philologie der Universität in Luzk von meiner verspäteten Ankunft unterrichten. Ohne die Hilfe von Varia hätte ich wohl kaum alles geschafft. Am Fahrkartenschalter fanden wir heraus, daß der nächste Zug nach Luzk erst wieder am Abend um 19.00 Uhr abgehen würde. Ich kaufte also eine Fahrkarte und reservierte mir einen Schlafwagenplatz. Das bedeutete also noch eine dritte Nacht im Zug. Dann schleppten wir mein Gepäck zur unterirdischen Gepäckaufbewahrungsstelle. Die Angestellten dort machten gerade eine halbe Stunde Frühstückspause, und wir mußten uns in die rasch anwachsende Schlange vor der Abgabetheke einreihen. Gut, daß wir nicht zu weit hinten standen – so dauerte die gesamte Prozedur des Gepäckaufgebens nur 40 Minuten. Als letzte Aufgabe für diesen Vormittag blieb mir nur noch das Telefongespräch nach Luzk. Varia zeigte mir die Menschenschlange, wo ich mich anstellen mußte, um dieses Ferngespräch anzumelden. Dann verabschiedeten wir uns. Bis zur Abfahrt ihres Zuges nach Simferopol war nicht mehr viel Zeit, und sie mußte noch Reiseproviant besorgen, da sie erst am Abend des darauffolgenden Tages ihr Ziel erreichen würde. Solche langen Zugfahrten sind für die Ukrainer eigentlich keine Besonderheit. Ich allerdings fühlte mich schon jetzt, am dritten Tag meiner Reise, ziemlich zerschlagen und ausgelaugt. Ich war jetzt mutterseelenallein in diesem fremden Land, mein Reiseproviant war so gut wie aufgebraucht, und nach zwei Tagen im Zug fühlte ich mich schmutzig und verbraucht. Ich hätte mich jetzt gerne gewaschen und ausgeruht. Statt dessen stand ich nun in dieser Schlange, um mein Telefongespräch nach Luzk zu bestellen – kein einfaches Unterfangen, selbst für eine Ausländerin, die wenigstens die russische Sprache einigermaßen beherrscht. Es gab zwei Dinge, die ich nicht wußte: 1. Bei einem Ferngespräch muß man zunächst eine „8“ wählen. 2. Ist die Verbindung hergestellt, muß ein Knopf gedrückt werden, damit der Gesprächspartner einen auch hören kann. So gelang mir das Telefonieren erst beim dritten Versuch. Meine zukünftige Chefin war, dem Himmel sei Dank, zu Hause und versprach, mich am nächsten Morgen in Luzk abzuholen.

Ich hatte nun einen ganzen Tag zur freien Verfügung in Kiew und machte mich auf den Weg zu einer ersten Stadterkundung. Das heißt, ich setzte mich einfach in die U-Bahn und stieg dann dort aus, wo ich das Stadtzentrum vermutete. Die Station Arsenalnaja war wohl nicht ganz ein Volltreffer, aber von hier aus wanderte ich zunächst einmal auf gut Glück los. Recht bald gelangte ich in eine Art Memoirenpark, der an die Opfer des Zweiten Weltkrieges erinnerte (in diesem Land übrigens wirklich keine Seltenheit, wie ich später feststellte). Zunächst suchte ich mir ein stilles Plätzchen, um mich ein wenig von den Strapazen des Vormittags zu erholen. Bei meinem weiteren Spaziergang kam ich automatisch zu einigen Kirchen, die, wie ich später in einem Reiseführer nachschlug, das Kiewer Höhlenkloster darstellen. Nach der Besichtigung des Klostergeländes entdeckte ich gleich nebenan eine weitläufige sozialistische Denkmalanlage. Mein Reiseführer, der besagte nachträglich konsultierte, weist sie als Gedenkstätte für den Großen Vaterländischen Krieg von 1941–1945 aus. Die Statue der „Mutter Heimat" fand ich auch sehr beeindruckend. Alles ist sehr großzügig angelegt, und man hat von der Anhöhe einen guten Blick auf den Fluß Dnjepr. An jenem Tag fühlte ich mich stark in die Zeiten des Kommunismus versetzt. Über den ganzen Platz zogen Schulkinder in Uniformen, überall standen Panzer, Kanonen und sozialistische Heldenfiguren, aus riesigen Lautsprechern ertönten pathetische Lieder. Es war ein göttlicher Anblick, und ich befand mich wahrhaftig in einem mir fremden Land.

Dieses erste Bild steht bis heute vor meinen Augen und ist vielleicht wirklich treffend für die Ukraine, ein Land, wo es trotz einiger Jahre in Demokratie und Freiheit nur wenig Veränderungen gibt und das gewohnte alte kommunistische System nicht so leicht abgestreift werden kann.

Ohne weitere Abenteuer erreichte ich am nächsten Morgen Luzk.

Ungarn

Ralf Kirmse
Tiefer Süden

Ich habe auf der Karte nachgeschaut. Unter all den Orten, in die man als Bosch-Lektor kommen kann, ist Szeged der südlichste.

Die Züge in den süd-östlichen Zipfel Ungarns fahren vom Budapester Westbahnhof.

Nach 20 Minuten beginnt sich die Stadt langsam in kleine Dorfhäuser aufzulösen. Budapest ist nach unseren Begriffen die einzige Großstadt Ungarns und vereinnahmt das restliche Land. Während es anderswo ein Land mit Hauptstadt gibt, besitzt Ungarn eine Hauptstadt mit Land.

Auch die Dorfhäuser werden jetzt weniger, dafür die Gärten um sie herum immer größer. Jetzt sieht man Obstplantagen, Weinfelder, Auenbäume, Pappelbäume, die aussehen, als wären sie in Reih und Glied angetreten, Felder und Grassteppe. Das Land ist flach, soweit das Auge reichen kann. Nicht einmal die Andeutung eines Hügels. Bis nach Szeged wird sich das nicht ändern. Der Zug rattert durch die Puszta, das berühmte ungarische „Nichts". Obwohl sich hier alles gleicht, ist es im Verlauf des Jahres immer anders. Das erste zarte Grün im Frühling, dann blühende Obstbäume und roter Mohn, goldgelbe Mais- und Weizenfelder, verbranntes Gras und im Herbst und Winter Erdtöne und Rauhreif.

Um den Eindruck nicht zu stören, halten sich sogar die größeren Städte vornehm zurück. Von ihnen bekommt man meist nicht mehr zu sehen als einen bescheidenen Bahnhof und Kirch- und Wassertürme in der Ferne. Vor dem Stationsgebäude von Kiskunfélegyháza hat man Palmen aufgestellt. Ein Hauch von Süden. Der Anfang dieses ziemlich langen Stadtnamens verrät den Namen jenes Landstrichs, dieses Teils der Großen Tiefebene zwischen Donau und Theiß: Kiskun – Kleinkumanien.

Nach drei Stunden Fahrt pirscht sich der Zug in weitem Bogen an Szeged heran. In der Ferne sieht man die Campanile der Markuskirche von Venedig doppelt – eine Fata Morgana in der flimmernden Hitze? Nein – beide Türme gehören zur Szegeder Votivkirche. Ein dritter, sehr viel profanerer Turm taucht auf. Seine Aufschrift „Pick" erinnert an die weltberühmte Salami, die hier hergestellt wird.

Wenn der Zug auf dem Bahnhof anhält, hat es etwas Endgültiges. Endstation – von hier aus geht es nicht weiter. Die Lok wird abgehängt, und die Fahrgäste – an Sonntagabenden meist Studenten, die die Stadt am Wochenende fluchtartig verlassen haben – strömen über die Gleise. Tatsächlich sind es von hier aus nur 50 km nach Rumänien und nur 15 nach Jugoslawien. Diese Nähe zu Serbien hat in der Zeit des Kosovokrieges etwas Beunruhigendes: Man fühlt sich nicht wohl, wenn man weiß, das in 60 km Abstand Bomben fallen und jede Nacht Flugzeuggeschwader am Himmel rumoren – wenn auch weit oben.

Bei meiner Ankunft schwinge ich mich mit meinem vielen Gepäck und meinen äußerst rudimentären Ungarischkenntnissen in ein Taxi und erkläre dem Fahrer das Ziel: Sándor utca – Alexanderstraße. Mein Chauffeur erkennt sofort, daß hier Unkenntnis ausnutzbar ist und fragt: „Milyen Sándor?" Welcher Alexander denn? „Petőfi? Bálint?" Weil ich es nicht sagen kann, besuchen wir nacheinander alle Alexander-Straßen, und ich komme in den Genuß einer Stadtrundfahrt. Wir jagen auf Ringstraßen um das Zentrum herum und dann wieder auf Boulevardstraßen aus der Stadt heraus oder in die Stadt hinein. Nachdem das Taxameter schon einen astronomischen Betrag anzeigt, fällt dem Fahrer ein, daß es auch eine Straße gibt, die nur Sándor utca heißt. Diese Straße ist natürlich die richtige.

Seinen regelmäßigen und großzügigen Bau mit breiten Straßen und einem schönen Park in der Mitte verdankt die Stadt an der Theiß einem Unglück. 1879 gab es ein gewaltiges Hochwasser, bei dem fast die ganze Stadt weggespült wurde. Viele europäische Hauptstädte halfen beim Wiederaufbau, und ihnen zu Ehren heißen Teile des äußeren Ringes zum Beispiel Wiener Ring, Pariser Ring, Londoner Ring und Berliner Ring. Die damals erbauten eklektischen und Jugendstilhäuser – unter ihnen einige sehr prachtvolle – bestimmen das Bild der Stadt. Eine der wenigen Spuren der Zeit vor der Katastrophe sind die Ruinen der Burg an der Theiß.

So wenig mittelalterlich ehrwürdig wie die Stadt ist die Universität. 1920 wurde sie von ihrem früheren Standort im rumänischen Klausenburg nach Szeged verlegt.

Die medizinische Universität, an der ich unterrichte, ist nach dem ungarischen Nobelpreisträger Albert Szent Györgyi benannt. Seine bedeutende Entdeckung hat mit dem Paprika, der besonders um Szeged prächtig gedeiht, zu tun. Aus den Schoten dieser berühmten ungarischen Pflanze konnte der Professor Ascorbinsäure, also Vitamin C, isolieren.

Neben seiner somit wissenschaftlich belegten gesundheitsfördernden Wirkung hat Paprika natürlich auch geschmacksfördernde Qualitäten. Als Gewürz geht er eine Verbindung mit den Pick-Würsten in Form von Kolbász ein. Insofern müßte dieses Gewächs eigentlich einen Platz im Wappen Szegeds finden.

Paprika braucht sehr viel Sonne, und die gibt es in Szeged reichlich. Ein Reiseführer preist es als die „Stadt des Sonnenlichts“. Dies ist ganz bestimmt ein allgemeingültiges Merkmal des Südens. Im übrigen ist Szeged vielleicht eine Mischung verschiedener südlicher Spielarten.

Da gibt es den mediterranen Süden in Gestalt der schon erwähnten Campanile-Türme der Votivkirche. Der Domplatz ist mit Häusern umbaut und erinnert an ein großes Atrium. Ein Glück, daß sich dort die Universitätsgebäude befinden, in denen ich unterrichten kann. Im Sommer, wenn die Studenten in den Ferien sind, dient der Platz als Aufführungsfläche für die Szegeder Freilichtspiele.

Beim Opernhaus nahmen sich die Architekten dasjenige Odessas zum Vorbild, und so fühlt man sich ein bißchen an die Schwarzmeerküste versetzt.

Wie an vielen anderen Stellen Ostmitteleuropas sind auch hier die amerikanischen Elemente auf dem Vormarsch. Mit gutem Willen könnte man so Tankstellen, Motels, Einkaufszentren, Automärkte und natürlich eine große Anzahl von Hamburgerständen für Zeichen eines südlichen Amerikas halten.

Schließlich gibt es noch eine Besonderheit, die ich nirgends sonst gesehen habe. Seitlich der großen Boulevards steht man in stillen, verschwiegenen Straßen mit oft nur zweistöckigen Häusern, auf deren Hofseite meist noch bezaubernde Gärten liegen. Man fühlt sich plötzlich in ein Dorf versetzt. Über die Straßen breitet sich im Sommer ein Dach von Akazien aus und macht sie damit angenehm kühl und schattig.

Inmitten eines solchen Viertels befindet sich das vielleicht schönste Gebäude Szegeds, die imposante neue Synagoge im maurisch geprägten Jugendstil. In ihr finden noch regelmäßig Gottesdienste statt, allerdings ist die

Zahl der Juden im und nach dem Zweiten Weltkrieg stark zurückgegangen. Die Vorgängerin dieser Synagoge befindet sich in unmittelbarer Nachbarschaft. Da sie nicht mehr religiös genutzt wird, hat sich der Kulturverein Maszk (Maske) ihrer angenommen und erfüllt sie mit Leben. Dieses Gebäude ist mein Lieblingsplatz in der Stadt, in der es ein breites kulturelles Angebot gibt. Hier in der Synagoge kann man Theateraufführungen, Jazz- und Folklorekonzerte und Ausstellungen besuchen. Die vielen Spuren der Vergangenheit, die man in diesem Bau noch findet, machen einen eigenartigen Reiz aus.

Ja, an die südliche Sonne kann man sich gewöhnen, und ich werde es bestimmt noch gut ein Jahr hier aushalten. Wenn man vom Durchzug eines Tiefs in Deutschland erfährt, dann ist man bestimmt nicht böse darüber, daß es abends noch 30 Grad warm ist.

Hoffen wir, daß Nostradamus unrecht behält und die Sonne am 11. August 1999 nur kurz verschwindet, um dann diesem Landstrich wieder kräftig einzuheizen.

Corinna Dommes
Blick in die Raab oder das Leben ist schön

Er hatte Geburtstag. Doch das erfuhr ich erst, als der Kloß in meinem Hals schon Anstalten machte, mir die Luft abzudrücken und ich ungeduldig darauf wartete, daß der Schrei dort unten endlich meine Eingeweide hinaufführe und diesen scheußlichen Klops in hohem Bogen aus mir herausstieße. Immer wieder klopfte er sich auf die belederten Schenkel, auf die Knie, auf die Schenkel, strich seine Hilflosigkeit durchs Haar, wieder und wieder, während hinter dem Fenster die Reheästen, mal zu dritt, mal zu fünft, auf den gemütlichen Lichtungen zwischen Györ und Hegyeshalom – und dieser vermaledeite Klops mich gegen den Sitz preßte.

Nur seine Mutter sei noch in Belgrad. Aber auf Zivilisten würde ja, gottlob, nicht geschossen. Als er die Lastwagen die Straße hinunterrollen sah, beladen mit Männern zwischen 18 und 60, sie lasen sie von den Wegen auf, und Uniformen, rannte er nach Hause, Gott weiß, wie er es noch geschafft hat, seine Hemden so ordentlich zusammenzufalten, in der Eile, paß auf dich auf, Mama, erst einmal nach Rumänien, das geht am schnellsten – einige Stunden später ist die Grenze dicht.

Eine Schallplatte hatte er aufnehmen wollen, in Jugoslawien sei er ein bekannter Musiker, eine schöne Gelegenheit für ein langes Wochenende in seiner alten Heimat, schließlich lebe er seit 15 Jahren in Zürich. Das hätte er doch nicht gedacht, daß drei Tage später für den Krieg mobilisiert werde. Absurd. Und wieder wegen eines Paranoiden.

Massenausrottung wegen eines PARANOIDEN. Das kann doch nicht sein, wegen eines Verrückten kann es doch heute keinen Krieg mehr geben!

Der Schrei! War er, war ich es? *Hatte* jemand geschrien?

Gleich passieren wir die Grenze. Eine von vielen. Fahndung! Öffnen Sie mal die Tasche! Wo haben Sie das Telephon gekauft? – Auf dem türkischen Basar in Rumänien. – Haben Sie eine Quittung? – Draußen das Rotwild, nur 30 m von den Gleisen entfernt, so ruhig wie das Wasser die Raab hinunterzieht, an diesem sonnigen Donnerstag.

Vieles wiederholt sich. Früher oder später. Es pritzelt schon sommerwarm in meinem Gesicht, und ich kann mich des langanhaltenden Grinsens nicht erwehren, denn immer noch klingt mir dieses „Rrobeeertooo" in den Ohren, das vorige Nacht aus Sophia Lorens breitem Freudenmund rollte und den kleinwüchsigen Benigni über Stühle und Stufen hüpfen machte – der erste Oscar für „La vita è bella" – „Das Leben ist schön".

Ich habe den Film bisher leider nicht sehen können, er ist, meines Wissens, noch nicht bis nach Györ gekommen. Doch einer fällt mir ein, der auch die Schönheit des Lebens preist, 1944, im Todeslager. Miklós Radnóti. Der ist nach Györ gekommen, bis hierher und nicht weiter. Ins Glitzern der Raab hat er wohl kaum blinzeln können. Ich schau ihr nach bis zur Ecke der Burgmauer, hinter der sie in die Kleine Donau fließt und sich meinem Blick entzieht, und muß an die große Donau denken, die Radnóti auf seinem Marsch vom Lager Heidenau über Belgrad und das nun brückenlose Novi Sad bis nach Ungarn herauf begleitet hat, und an seine Gedichte, hier irgendwo nahe der Stadt verscharrt mit ihm in dem Grab, das er sich zusammen mit 21 weiteren ungarischen Juden selbst schaufeln mußte, und vor 53 Jahren wieder vom Györer Sand befreit.

Er, neben dem ich hingestürzt lag, war schon
verrenkt, verspannt, wie Saiten springen.
Genickschuß. – Also – raunte ich mir zu,
nur still, gleich sollst auch du's zu Ende bringen.
Geduld bringt jetzt die Rose Tod hervor. –
Der springt noch auf, – scholl's über mich hin,
mir klebte Dreck vermischt mit Blut am Ohr.

Radnótis letztes Gedicht, irgendwo nicht weit von hier muß er es geschrieben haben, eine Woche bevor er endgültig ins Massengrab hineingeschossen wurde, weil er für einen Weitermarsch ins nächste Konzentrationslager zu schwach war.

Das Wasser der Raab ist meistens braun, und allerlei unnützes Zeug, das Flora und Fauna ringsum abgestoßen haben, treibt mit ihm in die Kleine Donau, deren einladendes Grün sich davon nicht sonderlich beeindrucken läßt, so daß sie dort, wo sie den Schwesterfluß empfängt, zweifarbig unter der Kossuth-Brücke hindurchfährt, zweifarbig wie Duo-Nuß-Nougat-Creme, deren Beige und Braun im Glas nicht zu Hellbraun vermischt sind, sondern sich in sanften Rundungen nur ineinander verzahnen. Je später der Tag, desto mehr muß man sich vor Angelhaken in acht nehmen, denn hier springt der Fisch, der im „Matróz“ so lecker zubereitet wird. Aus sicherer Entfernung geben die bunt besetzten Anglerboote ein stimmungsvolles Bild. Ich wundere mich oft, warum so selten jemand an diesen Ufern Gitarre spielt.

Regelmäßig um viertel vor sechs, in der Hauptsaison viertel vor sieben, zieht eine Karawane bunter Menschen aus den Thermalbecken der Landzunge zwischen Raab und Kleiner Donau über die Brücke der Jugend (Ifjúság hídja) auf die Raab-Insel, am Eisverkäufer vorbei, hinter dessen Sonnenschirmen sich der Strom dann teilt, das Gros linksherum über die Doppelbrücke (Ketös híd) Richtung Altstadt, ein kleineres Grüppchen rechts herum über die Doppelbrücke in den Stadtteil jenseits der Raab, in dem es wohl mehr eingeschlagene als einsitzende Fenster gibt, obgleich er „Újváros" heißt, Neustadt, und für den sich Kollegen, die es nach der Arbeit dorthin zieht, immer verlegen entschuldigen – „Ich wohne in einer nicht so schönen Gegend."

Hier lebt auch „Mario", der sich wohl jeden Tag einen anderen Namen zulegt, Mario oder wie auch immer mit der braunen Fliegermütze, die ihm mehr auf der Stirn steht denn sitzt, Mario Küß-die-Hand. Als ich ihm auf die Frage „Deutsch?" italienisch antworte (danach habe ich meistens meine Ruhe), legt er sofort los – „Bambini, ho tanti bambini e la mamma non sta bene, qualche forinto per mangiare, non c'è da mangiare" – wow! Mario ist polyglott. (Wenngleich „bacio la mano" kein Italienischitalienisch ist.) Als ich anderntags mit einer französischen Freundin parlierend die Treppen zum Fluß hinunter nehme, zwitschert er uns auf Französisch entgegen, diesmal hat er keine hungrigen Kinder, sondern „nur" eine kranke Frau und keine Arbeit – c'est la vie.

In dem Viertel, aus dem Mario kommt, wohnen die Zigeuner – geh da bloß nicht hin, da wird's kriminell; und ich bin doch hingegangen und da durch, und die Alten saßen ganz ruhig vor ihren Türen mit ihren Hunden, meine Güte, so viele Hunde, und schauten, was die da wohl in ihre Gegend verschlage, in diese Gegend „jenseits des Puntigams" (welcher sich als Gewürzwarenhändler hier einst einen Namen machte), wo seit jeher eigentlich der Hund begraben liegt. Dabei tragen die Gassen so viel verheißende Namen wie „Cukrász utca" (Zukkerbäcker-Straße), „Sütö utca" (Backofen-Straße) und „Rózsa köz" (Rosen-Durchgang), und wenn man die hübschen Häuschen renovieren und die kaputten Glasscheiben ersetzen würde, dann wäre das ein sehr nettes Viertel mit vier Kirchen verschiedener Konfessionen (serbisch-orthodox, evangelisch, römisch-katholisch) und einer Synagoge.

Die Synagoge – nein, hier stehen keine Rasenmäher, Säcke und Ersatzteile wie in der Synagoge von Berettyóújfalu (sofern man die dort nicht inzwischen fortgetragen hat), und daß die Fenster eingeschlagen und die Türen verriegelt seien und niemand sich darum kümmere, wie ich im Mai letzten Jahres in einem Zeitungsartikel las, ist völliger Schmarrn. Zur Stadtseite hin sieht der Bau tatsächlich recht vernachlässigt aus. Zur Hauptstraße des Zigeunerviertels hin hat man ihn allerdings schon aufs Eifrigste renoviert. In einem Seitenflügel ist die Musikhochschule unter Leitung des begnadeten Pianisten und Komikers Gábor József, dessen herzlicher Empfang immer die schönste Ouverture zu seinen Konzerten ist, untergebracht. Es ist ein herrlicher Spaß, an den Türen zu lauschen, hier ein Cello-Solo, da ein Flöten-Solo, und dort zaubern Joschkas schmale lange Finger Verse über den Flügel.

In dieser Synagoge finden herrliche Konzerte statt, zuletzt am 1. Mai, zugunsten ihrer Renovierung. Um 19.00 Uhr soll das im Rahmen des „Mediawave-Festivals '99" veranstaltete Konzert von Gábor József und Matuz István beginnen. Pünktlich auf die letzte Minute sind wir da, aber wir sind schließlich in Ungarn, da bleibt noch Zeit für die schon lange geplante Besichtigung der Synagoge, in der eine Ausstellung, die das Zusammenleben verschiedenster Kulturen in Osteuropa mit Hilfe unterschiedlicher Techniken visualisiert, hinter die Holzwand links des Bemas die zuerst ächzenden, dann steinernen Stufen hinauf über Taubenmist und Federgewölk in die beiden Ecktürme an der Ostseite lockt, wo die Gedanken einem noch viel ferneren Orient zutreiben. Einen Moment lang benommen von den hiesigen Gerüchen, der Stille, den Bildern, meinen eigenen Gedanken, erinnere ich mich wieder, weswegen ich ausgerechnet heute hier hergekommen bin. Vorsichtig nehm' ich die Stufen hinab, und auf halber Höhe ertönen die ersten Takte von Bachs g-Moll-Sonate. Nun habe ich Józsefs Eröffnungsdiener verpaßt, aber es hat auch etwas, so von hier oben in die Musik hineinzusteigen. Schubert und Schumann folgen, und ich möchte dem Mann am Klavier so gerne auf die Finger schauen. Doch bei Gábor József geht das nicht. Zwar habe ich den besten Ausblick auf Tasten und Hände, aber schon nach kurzer Zeit verschieben sich die Oberkörper von Elisa und mir einen Platz weiter nach rechts, sein Gesicht muß man sehen, seine Augenbrauen, die dem Druck auf die Pedale vorauseilen, sich heben, senken, heben, senken, plötzlich querstehen. Seinen Mund, der sich öffnet, schließt, offen stehenbleibt. Es ist, als erzähle er gleichsam, während er spielt, was er spielt, die Musik wird zu Wort, Wort zu Musik. Das nächste Stück ist von Takács Jenö, ziemlich unbekannt auch in Ungarn, wie József uns nach dem Konzert erzählt, „Improvizáció madárhangokra" (Improvisation über Vogelstimmen). Es zwitschert und kreischt, mal fliegt die Flöte den Tasten voran, mal die Tasten der Flöte, Wahnsinn, wie die beiden Stimmen miteinander spielen und ein ornithologisches Wirrwarr durch den Raum jagen. Matuz Istváns Nachteil ist, daß er die Lippen am Mundstück lassen muß, nur am Wippen seiner Fußsohlen erkennt man, daß er nicht bloß den Takt schlagen, sondern abheben möchte. So bleiben unsere Augen hypnotisch auf József gerichtet, der springt und fliegt über die Tasten, verrenkt seine Mundwinkel, die Brauen hüpfen über die Stirn, „hast du seine Füße gesehen – einfach wahnsinnig!" Plötzlich ein Sprung, beide Füße auf die Pedale, Mund auf, Nase vor, Hintern hoch, Augen groß, Finger starr und Stille – nur die toten Vögel heben sich aus den Bildern an den Wänden, segeln lautlos unterm Davidstern – das Leben ist schön.

Martina März

Und täglich grüßt das ungarische Wollschwein

Wer die Vergangenheit nicht ehrt, verliert die Zukunft.
Wer seine Wurzeln vernichtet, kann nicht wachsen.
Friedensreich Hundertwasser

Wenn Sie bei diesem Titel an einen amerikanischen Film mit Bill Murray und Andie MacDowell erinnert werden, in dem doch eigentlich ein Murmeltier die entscheidende Rolle spielt, so liegen Sie richtig. In Ungarn gibt es aber meines Wissens nach keine Murmeltiere.

Eine typisch ungarische Rarität der Tierwelt ist für

mich hingegen das ungarische Wollschwein. Diese bezaubernden Tierchen kann man im Nationalpark der Hortobágy, in der Puszta unweit von Debrecen, kennenlernen. In ihrer Gestalt gleichen sie den uns bekannten rosa Hausschweinen, sie verfügen über den gleichen tolpatschigen Gang und den speziellen Geruch. Doch ein Wollschwein ist zudem eine Schönheit mit lockigem Haar. Das Fell dieser Gattung kann von einfarbig blond bis schwarz ausfallen oder auch gescheckt sein. Auf den ersten Blick sehen diese Tiere geradezu knuddelig flauschig aus, doch ihre Körperbehaarung ist, wie man bei Körperkontakt feststellen kann, zwar nicht so kratzbürstig wie die eines Wildschweines, aber mit der eines Teddybärs auch nicht zu vergleichen.

Zwischen mir und den Wollschweinen war es jedenfalls Liebe auf den ersten Blick. Und deshalb haben meine tierischen Freunde, die leider nur in Ostungarn beheimatet sind und einigen meiner ungarischen Kolleginnen und Kollegen in Györ, in Nordwestungarn, nicht einmal bekannt waren, die Ehre, sogar einen Platz im Titel dieses Essays zu bekommen.

Wir beginnen nun mit der eigentlichen Geschichte: Anfang September 1996 besteige ich in Bruck an der Leitha/Österreich den „Orient-Expreß", der mich an meinen Bestimmungsort bringen wird. In etwa einer Stunde habe ich mein Ziel erreicht: den Bahnhof von Györ. Die Stadt ist mir schon sehr vertraut. Ich habe hier ein Jahr zuvor das Wintersemester als Auslandspraktikantin der Universität Wien verbracht. Damals habe ich an der Pädagogischen Hochschule unterrichtet, und am liebsten würde ich jetzt in die Türr István utca gehen und meine Kolleginnen und Kollegen überschwenglich begrüßen. Doch heute muß ich einen anderen Weg einschlagen: zur Fachhochschule, die nach István Széchenyi benannt ist und daher mit den Buchstaben SZIF abgekürzt wird. Von außen ist das Hauptgebäude keine Schönheit. Im Plattenbaustil, doch mit sehr viel Glas gebaut, ist es entscheidend, in welchem Trakt man seinen Platz hat. Ich habe Pech, denn mein Zimmer liegt auf der Nordseite, noch dazu direkt unter dem Dach. Das bedeutet, daß es zwar bei hochsommerlichen Temperaturen kühl, im Winter hingegen, und leider können ungarische Winter schon im Oktober beginnen und sich bis Mai hinziehen, bitterkalt ist. Die Heizung versagt kläglich, und wir sitzen dann zu viert mit den dicken Jacken und Mänteln im Zimmer. Wenn man länger am Computer arbeiten möchte oder muß, empfiehlt es sich, Handschuhe zu tragen.

Als ich an jenem ersten Tag mein Arbeitspensum an der Hochschule erledigt habe, will ich gerne nach Hause gehen, nur gibt es ein Problem dabei. Ich weiß immer noch nicht, wo ich eigentlich wohnen soll.

Ein kurzer Exkurs: Seit Juli bin ich mehrmals in Györ an der Hochschule gewesen, und jedesmal bekam ich andere Informationen meine Unterkunft betreffend. Zuerst hieß es, daß ich die Wohnung meiner Vorgängerin übernehmen könnte, und ich müßte einen Teil der Miete in DM selbst beisteuern. Beim nächsten Treffen hieß es, daß diese Wohnung von der Vermieterin selbst ab Herbst benötigt würde, außerdem wolle die Hochschule keine Verträge mehr mit chinesischen Sportlern – wie dem Ehemann der ungarischen Vermieterin – schließen. Ich solle mir also selbst eine Wohnung suchen, und die Hochschule werde sich an den Mietkosten beteiligen oder auch nicht. Da ich bereits ein halbes Jahr in Györ gelebt hatte, war ich nicht ganz so verloren und alleingelassen. Ich konnte auf ein soziales Netz zurückgreifen und Freunde um Rat bitten. Mit deren Hilfe fand ich auch mehrere Wohnungen, die preislich im Rahmen des Möglichen lagen. Ein weiteres Kriterium war die zentrale Lage. Ich besichtigte auch Wohnungen, mußte mehrmals anreisen, um einen solchen Termin wahrzunehmen. Als ich mich schon fast für eine entschieden hatte, teilte mir die Hochschule mit, daß doch nicht ich die Wohnung aussuchen dürfe, sondern die Hochschule sich darum kümmern und mir eine beschaffen werde. Wenn ich im September kommen werde, wäre die Wohnung dann vorhanden. Daraufhin mußte ich alle potentiellen Vermieter darüber informieren, daß ich das Angebot nun leider nicht annehmen könne. Ich verließ mich aber auf die Aussage meines Lehrstuhlleiters und kam an jenem ersten Unterrichtstag an, ohne zu wissen, wo ich am Abend eigentlich schlafen sollte. Natürlich hatte ich mit meiner österreichischen Freundin Karin, die in Györ wohnte, alles besprochen, falls ein Notfall eintreten sollte. Ich würde die Nacht also sicher nicht unter einer Raab-Brücke verbringen müssen.

Zurück zum ersten Unterrichtstag: Ich erkundige mich also bei meinem Lehrstuhlleiter, wo denn nun die Wohnung sei, die die Hochschule für mich angemietet habe. Ein Blickkontakt zwischen István und Anna verrät mir gleich, daß etwas nicht stimmt. Es gibt nämlich immer noch keine Wohnung für mich. Ich frage schließlich ganz direkt nach, ob ich dann besser wieder nach Österreich zurückfahren, in meiner dortigen Wohnung schlafen und am nächsten Morgen wieder zurück hinter die Grenze fahren solle. Eigentlich habe ich mir das nicht so vorgestellt, daß ich zur Pendlerin und Grenzgängerin werden soll. Ein weiterer tiefer Blick von István zu Anna. Sie zögert kurz und sagt dann sehr herzlich: „Natürlich kannst du mit mir kommen. Du kannst bei mir wohnen, bis die Hochschule eine Wohnung für dich gefunden hat.“ Ich bin ziemlich schockiert darüber, was da läuft. Auf keinen Fall will ich Anna zumuten, daß sie mich bei sich aufnimmt. Sie hat eine Tochter und lebt in einer Familienstruktur, da will ich nicht stören. Auch wenn ich diese Geste als sehr freundliche und auch ehrlich gemeinte Einladung empfinde, will ich die Gastfreundschaft nicht wirklich annehmen. Ich rufe also Karin an, wir treffen uns, und ich verbringe meine erste Nacht als Bosch-Lektorin bei ihr. Resümee dieses ersten Tages sind mehrere offene Fragen: Was mache ich hier? Bin ich überhaupt erwünscht? Wird es Stunden oder Kurse geben, in denen ich unterrichten kann? Braucht die Hochschule überhaupt eine muttersprachliche Lektorin? Wo werde ich langfristig gesehen wohnen? Die Nacht ist kurz, denn bis etwa vier Uhr in der Früh diskutieren wir und plaudern, aber nicht nur über die anstehenden Probleme.

In dem meiner Überschrift verwandten Film muß der Hauptdarsteller ein und denselben Tag so lange durchleben, bis er geläutert ist, das heißt, bis er diesen Tag so gut bewältigt, daß es zu einem „Happy-End“ kommt. Die Zuseher können die Verbesserungen und Fortschritte der täglichen kleinen Veränderungen beobachten. Es dauert aber doch mehrere Wochen, bis der ideale Tag vom Aufstehen bis zum Schlafengehen entsteht.

Zum Glück muß ich diesen ersten Tag an der SZIF nicht wiederholt erleben. Die Parallele zum Film bleibt aber dennoch bestehen, denn die Tage, die ich in Ungarn verbringe, werden wirklich immer besser und angenehmer. Natürlich vollzieht sich diese Wandlung nicht kontinuierlich, es gibt auch kleine Rückschläge in Form von Tagen, an denen mir überhaupt nichts Spaß zu machen und zu gelingen scheint, wo eben alles danebengeht. Doch für diese Fälle habe ich meine Studierenden, die es jeden Tag schaffen, ein Lächeln auf meine Lippen zu zaubern, meine Freundinnen und Freunde, bei denen ich mich angenommen fühle, und mein e-mail und Telefon, das mich mit dem Rest der Welt verbindet.

So negativ und abschreckend der erste Tag auch endete, so berührend und herzerwärmend wird der letzte unvergeßlich in meiner Erinnerung bleiben. Es ist Mitte Mai 1998, der letzte Unterrichtstag im Rahmen meines insgesamt zweijährigen Bosch-Lektorats an der SZIF in Györ. Die Morgensonne weckt mich. Meine Wohnung liegt ostseitig, im achten Stock eines älteren Bürgerhauses im Zentrum der Stadt. Ich frühstücke eine ungarische Müslivariante mit Milch aus den Schwabbelpakkerln (Plastiktüten). Da die Zeit des Abschiednehmens gekommen ist, und ich auch einige Erinnerungen noch auf Fotos konservieren möchte, packe ich meine Kamera aus und gehe von Raum zu Raum, um mir liebgewordene Ecken meiner Wohnung einzufangen: der Blick vom Balkon auf die Dächer der Stadt, mein Eßplatz in der Küche, ein Eckschrank mit meiner Lieblingspflanze …

Ich überquere einen wunderschönen Barockplatz mit Marienstatue, den Széchenyi tér, komme durch das Geschäftsviertel, wo kleine Läden in liebevoll restaurierten, bunt bemalten einstöckigen Häusern mit Erkern untergebracht sind, gehe über die Donau-Brücke, werfe einen Blick nach links auf den Springbrunnen, der an der Mündung der Raab in die Donau aus dem Wasser kommt und in der Morgensonne die Farben eines Regenbogens widerspiegelt. Der Gehsteig des Kalóczy tér ist ebenfalls neu gestaltet mit hübschem Kopfsteinpflaster und kleinen schwarzen Zäunen aus Schmiedeeisen. Am Campus der Hochschule herrscht reges Treiben. Überall bekannte Gesichter, die Studierenden, die mich kennen, begrüßen mich mit einem freudigen „szia“ oder „hello“ wie ihresgleichen.

Im Klassenzimmer A 206 erwartet mich eine Gruppe von Rechtsassistenten aus dem ersten Studienjahr. Wir arbeiten seit September, also seit zwei Semestern, zwei bis vier Wochenstunden zusammen. Auf einem Tisch in der ersten Reihe steht eine Torte mit Früchten belegt, daneben ein großes Messer und Servietten. Ich frage ganz ahnungslos, ob jemand Geburtstag habe oder was denn los sei. Beinahe schüchtern antwortet die Gruppe, daß die Torte für mich sei. Natürlich werden wir sie gemeinsam essen, aber zuerst müssen wir noch ein wenig arbeiten, auch in der letzten Stunde, denn es sind noch Referate ausständig. Während der Präsentation einer Studentin kann es ein Student schon nicht mehr aushalten. Er flüstert mir zu: „Wir haben noch eine Überraschung für dich!" und deutet auf ein überdimensionales Paket. Nachdem der Arbeitsteil der Stunde erledigt ist, überreicht mir selbiger Student das Riesenpaket. Er spricht ein paar Dankesworte und drückt mir schließlich das Geschenk ganz feierlich in die Hand. Die Klasse ist in der Zwischenzeit aufgestanden, und ich befürchte schon, daß sie nun noch die „Serenade" für mich singen würden, ein Lied, das Klassen am Ende der Schulzeit – also beispielsweise nach der Matura (Abitur) – für ihre Klassenlehrerin, üblicherweise vor deren Haus oder Balkon, singen. Dem ist aber nicht so, es wäre aber nicht Ungarn, bekäme ich nicht ein Bussi (Küßchen) links und rechts dazu. Womit ich nicht gerechnet hatte, war, daß im gleichen Augenblick eine Studentin ruft: „Wir wollen das auch!" So bleibt mir nichts anderes übrig, als durch die Reihen zu gehen und meine „Kinder", wie ich sie KollegInnen gegenüber immer liebevoll nenne, einzeln abzubusseln. Ich packe das Geschenk aus, es sind eine Blumenvase und ein Aschenbecher aus ungarischem Porzellan mit einem typisch ungarischen, volkstümlichen Motiv. Wir verzehren dann gemeinschaftlich die Torte, plaudern ein bißchen und verabreden, nach 17 Uhr noch gemeinsam auf einen Kaffee zu gehen.

Die nächste Stunde ist eine Wirtschaftsdeutschstunde für das erste Studienjahr der ökonomischen Fakultät nach dem Kreditpunktesystem. In der Vorwoche hat die Gruppe bereits den Abschlußtest geschrieben. Heute bekommen sie ihn zurück. Die Mehrzahl der Studierenden hat die schwarzen Studienbüchlein mitgebracht, in die ich die Note mit Datum eintragen muß und wo ich mehrmals durch meine Unterschrift bestätigen muß, daß ich die Lehrveranstaltung abgehalten habe und daß die Note auch ihre Berechtigung hat und richtig ist. Danach bekomme ich auch von dieser Gruppe ein Abschiedsgeschenk, diesmal einen berühmten ungarischen Wein, einen Tokajer. Auch hier das gleiche Übergabeszenario: ein Junge überreicht das Geschenk samt Dankesworten und Küßchen.

Kurz nach 17 Uhr treffe ich die Gruppe vom Vormittag. Wir hatten ausgemacht, daß sie auswählen sollten, wohin wir gehen. Eine Studentin schlägt das Patio, das nobelste und teuerste Restaurant der Stadt, vor. Die Gruppe versichert mir, daß niemand im Lotto gewonnen habe, aber ihnen gefalle dieses Lokal. Gut, mir gefällt es ja auch, und ich gehe da des öfteren hin. Im Lokal bekomme ich dann noch ein Geschenk und einen ganz reizenden Brief auf meinen Platz gestellt. Natürlich will ich nicht, daß meine Studentinnen und Studenten so viel Geld ausgeben, aber sie beteuern, daß es vom Herzen komme und ihre Zuneigung ausdrücken solle. Aus dem vereinbarten Kaffee wird ein längerer, sehr geselliger und unterhaltsamer Abend. Nach und nach müssen einige gehen, um einen Bus oder Zug nach Hause zu erreichen. Ich unterhalte mich großartig. Es ist so, als ob ich mit einer Gruppe von Freunden ausgegangen wäre. Daß es sich in diesem Fall um Studierende handelt, deren Lehrerin ich eigentlich bin, spielt keine Rolle mehr. Ich bin wieder einmal überrascht und vor allem begeistert, wie gut die Gruppe Deutsch kann. Mit den letzten beiden Übriggebliebenen spaziere ich noch ein Stück durch die Baross utca, unsere Fußgängerzone, dann muß auch ich abbiegen und mich verabschieden.

So grundlegend negativ und positiv mein erster und letzter Unterrichtstag an der Fachhochschule Györ auch waren, so unvergeßlich werden sie in meiner Erinnerung bleiben.

Dazwischen liegt keine unendliche Wiederholung des gleichen Tages bis zur Vollendung. Dennoch stimmt es, daß der Mensch ein Gewohnheitstier ist, wenngleich auch kein Wollschwein.

Zwischen September 1996 und Juni 1998 liegen viele Tage mit unterschiedlichen Erlebnissen und Episoden, und manche Tage davon waren wirklich etwas ganz Besonderes, brachten neue Entdeckungen und Erfahrungen mit sich. Doch rückblickend betrachtet war jeder Tag einzigartig und für mich wertvoll und bedeutend, weil er Teil meiner Biographie wurde und ist und mich ein Land und ein Volk kennen und lieben lernen ließ. Meine Zeit in Györ ist nun Bestandteil meiner Vergangenheit, aber ich werde auch in der Zukunft Platz für eine kleine Pflanze in meinem Herzen haben, die vor rund drei Jahren ausgesät wurde, und die in der Zwischenzeit immens gewachsen ist und farbenprächtige Blüten trägt, die ich aber auch weiterhin regelmäßig gießen, düngen und pflegen werde, damit sie mir in ihrer Schönheit, Größe und Intensität erhalten bleibt, diese kostbare Pflanze mit dem Namen „Ungarn".

Thorsten Meyer

Vier Jahreszeiten – Impressionen von Ungarn

Weder Vivaldi noch Haydn, weder ein Hamburger Luxushotel noch die gleichnamige Pizza haben mich zu diesen vier Impressionen inspiriert. Es war Ungarn selbst. Das Land ruft nämlich den naturgegebenen Rhythmus der unterschiedlichen, ja gegensätzlichen Jahreszeiten wieder ins Bewußtsein – insbesondere bei einem jeden, der von dem Eindruck geleitet wird, die Erde habe sich zur Jahrtausendwende so schnell zu drehen begonnen, daß alle Konturen verwischen und alles in einem einzigen Farbenmeer zusammenfließt. In Ungarn erfährt die postmoderne Seele indes, daß ein Winter ein Winter und ein Sommer ein Sommer ist, etwa so wie ein Mann ein Mann und eine Frau eine Frau. Was einen „echten Mann" und eine „richtige Frau" ausmacht, vermag sicher niemand eindeutig zu sagen, und dieses Thema ist mir ohnehin ein zu weites, viel beackertes und vermintes Feld. Dank des kontinentalen Klimas erscheint immerhin der Winter in Ungarn über jeden Zweifel erhaben, ein „rechter Mann" zu sein (wie es in einem deutschen Volkslied heißt). Auch die anderen drei Jahreszeiten leiden in Ungarn an keiner Identitätskrise, sondern ziehen mit ganzer Kraft das Leben in ihren Bann.

Sommer

Soeben angekommen, habe ich noch keinen Blick für die Schönheit der vorbeiziehenden Landschaft. Auf der Zugreise von Budapest nach Debrecen gelten meine Gedanken zunächst allein meinem Koffer, der – im Unterschied zu mir selbst – an diesem Tag im Juli den Flughafen Ferihegy noch nicht wohlbehalten erreicht hat. Nun rutsche ich in durchgeschwitzter, an meinem Körper klebender Kleidung auf dem abgewetzten, rostroten Kunstledersitz des Personenzuges herum. Meine Kehle brennt. Mitreisende haben zum Glück das Fenster und die Tür des überfüllten Abteils geöffnet. Ein leichter, heißer Wind weht. Koffer hin, Halsschmerzen her, links und rechts sitzen freundliche Menschen, die in einer mir noch völlig unvertrauten Sprache miteinander plaudern. „Kérem", sagt ein dicklicher, rotgesichtiger älterer Herr mit schweißnasser Stirn und Hosenträgern lächelnd, als ich ihn auf dem Gang bitte, mich durchzulassen.

Unsere Reise verläuft von West nach Ost, durch die große ungarische Tiefebene. Jetzt im Juli säumen weite Sonnenblumenfelder unseren Weg. Für eine Weile vergesse ich die Sorge um mein Gepäck und lasse meinen Blick aus dem Fenster schweifen. Alles steht still, scheinbar bewegen nur wir uns, und die Hitze flimmert auf ausgedörrten Feldern, die bis zum unendlich weiten Horizont reichen. Irgendwann überqueren wir die Theiß, die wie die Donau das Land von Norden nach Süden durchfließt und damit in zwei Hälften, eine westliche und eine östliche, teilt. „Der Osten ist wie ein anderes Land", wird später eine Studentin in Veszprém zu mir sagen. Meine Gastuniversität liegt in Transdanubien, dem nicht zuletzt dank der Nähe zu Österreich und dem Tourismus am Balaton wohlhabenderen Westen des Landes. „Die im Osten hassen uns, weil wir reicher sind", auch das werde ich noch hören und dabei feststellen, daß offenbar nicht nur Deutschland unter innerer Zerrissenheit leidet.

Am frühen Abend erreicht der Zug Debrecen, an diesem Ort soll ein vierwöchiger Sprachkurs die noch steinharte Mauer zwischen mir und der ungarischen Sprache ein wenig abtragen. Vier Wochen im Hochsommer! Die staubige Innenstadt döst in der sengenden Hitze vor sich hin. Obwohl es sich um die zweitgrößte Stadt des Landes handelt, sind die Straßen wie ausgestorben. Die Debrecener halten es jetzt nur im Freibad aus – ich auch.

Herbst

Ende August – die Sonnenblumen sind schon vertrocknet, grau-braun faulen sie im Spätsommerregen vor sich hin. Ich bin in Veszprém, am Ziel sozusagen. Viel zu früh weht erstes Laub über meine Terrasse. Debrecen sei Dank, ich kann mir einen Kaffee bestellen, Busfahrkarten kaufen, meinen Vermietern sagen, wie herrlich ich ihren Garten finde, daß ich aber in der Wohnung leider jetzt schon friere. Meine Vermieterin, eine ältere Dame, bietet mir Selbstgebackenes an, und zwar in einer Menge, die eine ganze Armee sättigen könnte. Alsbald mache ich auch andernorts die Erfahrung, daß die Ungarn, vor allem ältere Damen vom Land, ihre Zuneigung durch die Gabe kulinarischer Genüsse – in einem geradezu aberwitzigen Überfluß gereicht – auszudrücken pflegen. Den obligatorischen Seufzer „Oh, das ist zuviel, aber vielen Dank, das ist sehr lecker" erwidern sie jedesmal mit einem befriedigten Lächeln und einem „egészségedre" (Auf Dein Wohl). Rasch stelle ich fest, daß die Ungarn ein großes Herz, aber auch eine sehr empfindliche Seele haben.

Ich entdecke meine neue Umgebung. Der nahegelegene Plattensee glänzt verlassen in der Herbstsonne, die anderen Deutschen und die Mücken haben ihm – zum Glück – bis zur nächsten Saison Lebewohl gesagt. Nur in den Weingärten am Nordufer des Balaton herrscht ein wenig Leben; die lärmende, drängelnde Betriebsamkeit des Sommertourismus ist aus den Badeorten gewichen, die bunten Buden und grellen Schilder können niemanden mehr locken. Eine bedrückende Stille und Trostlosigkeit umweht Balatonfüred, die Halbinsel Tihany wirft lange Schatten auf das Wasser.

In der Früh führt mich mein Weg zum Lehrgebäude, einem betongrauen Kasten aus dem „stalinistischen Barock", immer durch eine typisch ungarische Wohnsiedlung. Die zumeist mal graubraun, blaßgelb und mal altrosa getünchten Einfamilienhäuser sind ebenerdig und zumeist nicht unterkellert. Aus den wahlweise mit ausgewaschenen hellroten Ziegeln oder mit grauen Rauten aus Eternit bedeckten Dächern sprießen allerlei Kabel und Drähte, die sich entweder am Gehsteig oben an einem Masten oder mitten über der Straße mit den Leitungen der Nachbarhäuser zu einem wirren Knäuel verbinden. Der kleine Obstgarten und der Hof sind den neugierigen Blicken der Passanten durch ein Mäuerchen und einen meist braunlackierten Eisenzaun entzogen.

Nicht selten liest man an den Häusern Schilder mit Aufschriften wie „bútor" (Möbel) , „nõi fodrász" (Damenfriseur) oder Kurioseres wie „kutya kozmetika" (Hundekosmetik), die auf die leider für sehr viele Ungarn lebensnotwendigen Nebenverdienste schließen lassen. Während solcherlei Hinweise auf – bescheidenes – selbständiges Unternehmertum nur etwa jedes zehnte Haus aufweist, ziert ein rundes, weißes Schildchen mit der immer gleichen Drohung „harapós kutya" (bissiger Hund) wohl jedes der Anwesen. Und bei einem jeden Mal, wenn man im überaus tierlieben Ungarn an solchen Häusern entlangspaziert, widerfährt es einem, daß man den Unmut – oder was immer – eines oder mehrerer Hunde hinter dem Zaun provoziert. So sicher wie das zornige Knurren und laute Gebell ist das immer wieder neue Erschrecken; auch bei der hundertsten Begegnung zwischen Hund und Lektor erleidet letzterer vor Schreck regelmäßig beinahe einen Herzinfarkt.

Winter

Die Tage werden kurz und kalt. Trotzdem – oder gerade deshalb – besteige ich, wenn es irgendwie geht, regelmäßig den Bus nach Budapest. Allwöchentlich brauche ich die Großstadt mit ihren Bibliotheken, Museen, Cafés und Geschäften. Trübe Gesichter am Veszprémer Busbahnhof, vor den Bustüren bilden sich dichtgedrängte, rücksichtslose Menschentrauben. Meine Füße versinken im grauen Schneematsch, eine fremde Tasche, ein spitzer Ellbogen keilen mich seitlich ein, unfreiwillige drei Zentimeter vor meiner Nase zwei ostblockblonde Haarschöpfe. Das Leben ist ein Kampf, irgendwie wird mir das immer beim Einstieg in einen ungarischen Bus klar.

Eine etwa 50jährige Dame mit prallgefüllten Einkaufstüten und altmodischen, riesengroßen Brillengläsern aus der Vorwendezeit sinkt später auf dem Platz neben mir nieder. „Jaj istenem" (oh, mein Gott) bringt sie hervor. Dieser Seufzer gehört zum Repertoire eines jeden Ungarn, wiederum vor allem bei denen des weiblichen Geschlechts. In ihm kommt zum Ausdruck, an welch schwerer Last man zu tragen hat. „Nehéz ez az élet" (das Leben ist schwer) – ein weiterer vielgehörter Stoßseufzer am Ende des ersten Jahrzehnts der freien Marktwirtschaft. Vor allem Frauen zählen zu den Mühseligen und

Beladenen, denn auf ihnen lasten fast immer Erwerbsarbeit und Haushalt zugleich. Man altert, krankt und stirbt hier früher als anderswo – manchen Ungarn erscheint es so, und die Tatsache, daß Ungarn das Land mit der weltweit höchsten Suizidrate ist, widerspricht dieser negativen Selbstwahrnehmung auch nicht unbedingt. Dieser Defätismus hat Tradition, ist erwachsen aus den historischen Erfahrungen des Scheiterns im Kampf um Unabhängigkeit und nationale Größe. Man schwankt bis heute zwischen Phantasien von Größe und Kleinheit; auf der schwierigen Suche nach nationaler Identität zeigt man sich mal himmelhochjauchzend und mal zu Tode betrübt. Teils hält man sich selbst für eine Quantité négligeable, einen armen Bittsteller, teils ist man überaus empört, daß niemand auf der Welt schätzen will, daß zum Beispiel die Entdecker des Vitamin C und der Holographie Ungarn waren.

Heute kann auch ich keine Loblieder singen, denn Budapest ist keine Schönheit im Winter. Schmutz, der im Sommer zu unsichtbarem Staub zerfällt, hat sich nun wie Schlick auf der Rákóczi utca und anderswo abgelagert. Ein eisiger Wind weht über die graue Donau; im Rudás Bad, einem der zahlreichen Budaer Thermalbäder aus türkischer Zeit, tanke ich Wärme. Abends tanzen Schneeflocken im bizarren, orangenen Licht der Straßenbeleuchtung.

Im Februar nimmt der Winter für eine Woche die Ausmaße einer landesweiten Katastrophe an. Wir sitzen im tiefverschneiten transdanubischen Mittelgebirge fest. Der Bakonywald ist tagelang unpassierbar, einige Studenten und Kollegen können nicht zur Uni kommen. Ästhetisch betrachtet hat der Schneefall indessen sein Gutes, zeigt sich der Winter doch gerade jetzt von einer schönen Seite. Sonntags stapfe ich durch das menschenleere Veszprémer Burgviertel, Schnee und Eis glitzern im Sonnenlicht.

Frühling

„Vom Eise befreit sind Strom und Bäche", was im März die ungarische Tiefebene unter Wasser setzt. Trotz dieses großen Unglücks – vor allem für die ärmeren Menschen im östlichen Landesteil – beginne ich aufzuatmen, denn wie sehr habe ich mich nach längeren Tagen und lauen Nächten gesehnt! Jetzt geht alles ganz schnell, wie im Zeitraffer verwandelt sich die Welt um uns herum. Der alte Kirschbaum vor meinem Haus steht gerade noch in voller Blüte, als er schon reife Früchte in Hülle und Fülle trägt. Forsythien, Gänseblümchen, Flieder, Geranien: Es ist ein einziges Kommen und Gehen, Werden und Wachsen. Mein Kätzchen muß zwei Schwangerschaften überstehen; hübsche junge Liebespaare knutschen unter duftenden Kastanienbäumen. Man trägt wieder Plateauschuhe, Minikleider und Trainingsanzüge.

Auch Budapest erfährt eine Metamorphose. Die Budaer Berge tragen zu Ostern ein zartes Grün, im Mai blühen die Akazien am Pester Donauufer. Die Stadt ist doch eine Schönheit, ich nehme meine häßliche Beschreibung vom Winter sofort wieder zurück! Der Sommer kündigt sich in diesem Jahr früh an. Die ersten Mücken schwirren wieder umher, am Balaton wird wieder gewienert und gesächselt. Der Kreis meines Jahres in Ungarn beginnt sich zu schließen.

Auf dem Land im Westen Ungarns, bei einer Tante meiner Kollegin, erlebe ich noch einmal Fleiß, Bescheidenheit und Warmherzigkeit, die ich als liebenswerte Eigenschaften vieler Ungarn kennengelernt habe. Nun darf ich auf der anderen Seite eines braungestrichenen Gartenzaunes sitzen; der Hund knurrt und bellt nicht, sondern leckt unbekümmert meine nackten Füße. Auch kann ich nunmehr durch etliche Mauerritzen der ungarischen Sprache spähen.

In der sogenannten kleinen Tiefebene (Kisalföld) erstrecken sich wie in der Puszta weite Felder, auf denen jetzt im Mai vornehmlich Raps, Klatschmohn und Kamille blühen. Störche nisten auf den Schornsteinen der reetgedeckten Häuschen am Neusiedlersee. Es ist, als wolle die Natur mit diesem Idyll bewußt ein Gegenbild zu den Ereignissen im südlichen Nachbarland schaffen. Am Abend hört man bisweilen die Bomber, die zum Auftanken nach Ungarn – seit diesem schönen Frühjahr NATO-Mitglied – kommen. Die ganze Verwandtschaft einer meiner Studentinnen lebt in Novi Sad. „Nehéz ez az élet."

Für ungarische Defätisten gab es schon vor den Angriffen keinen Zweifel, daß die Zugehörigkeit zu einem Bündnis, ganz gleich zu welchem, nichts Gutes bringen werde. Allein könne Ungarn nicht überleben, aber in einem Bündnis auch nicht. Aber wie dann? Hat dieses kleine Land in der Mitte Europas keine Zukunft? Defätisten haben zum Glück nicht immer recht, und Ungarn ist für mich ein Land mit vielen Hoffnungen: „Az élet szép" (das Leben ist schön) – habe ich das hier nicht auch ganz oft vernommen?

Gereon Schuch

Geschichtsbetrachtungen aus dem Zugabteil

Ich glaube, es gibt keine bessere Möglichkeit, ein Land kennenzulernen, als es mit dem Zug zu bereisen. Das Abteilfenster wird dabei für mich zum stummen Erzähler, es faßt die Weite der Landschaften, die wir überwinden, und die schmalen Bahntrassen der Städte, durch die wir uns schlängeln, zu einem wortlosen Reisebericht zusammen. Außerdem schätze ich die Enge der Zugabteile, denn hier bricht bald die Anonymität der Fremde; einander unbekannte Menschen müssen eine gewisse Zeit auf begrenztem Raum miteinander verbringen, sich miteinander arrangieren. Auf meinen Reisen durch Ungarn habe ich so nicht nur durch unzählige Abteilfenster viel von diesem Land gesehen, sondern auch viele Ungarn kennengelernt. Und diese Begegnungen eröffneten mir einen ganz eigenen Zugang zum Land und zu den Menschen, die dort wohnen, ermöglichten einen kleinen Einblick in die Welt, in der sie leben.

Niemals hätte ich früher vermutet, daß ich in diesen Abteilgesprächen – insbesondere in dahinkriechenden Nahverkehrszügen – so viel über das Leben in Ungarn erfahren würde. Selten habe ich mit mir völlig unbekannten Ungarn so interessante Gespräche geführt, wie in Zugabteilen. Das eindrücklichste Erlebnis für mich lag allerdings darin, daß diese Gespräche fast immer ein Thema beinhalteten: Trianon. Zu meinem Erstaunen habe ich feststellen müssen, wie sehr der Vertrag von Trianon, der ungarische Friedensvertrag nach dem Ersten Weltkrieg, also das Pendant zum Versailler Vertrag, heute in Ungarn noch im Bewußtsein der Öffentlichkeit verhaftet ist.

(Wie gegenwärtig ist der Versailler Vertrag heute noch in Deutschland? Ich wage die These aufzustellen, daß sich bei diesem Wort viele nur dunkel an den Geschichtsunterricht erinnern, und kaum jemand den Prozentsatz der damals vom Deutschen Reich abgetrennten Gebiete genauer beziffern kann.)

Vielleicht lag es an meiner Nationalität, daß viele Ungarn während dieser Gespräche im Zug immer wieder auf jenes Thema zu sprechen kamen: Studenten, die gerade aus dem Wochenende zurück in die Uni-Stadt fuhren, vergewisserten sich, ob ich im Rahmen meines deutschen Geschichtsstudiums auch jenen ungarischen Vertrag behandelt hätte, denn schließlich seien Deutsche wie Ungarn mit Versailles und Trianon ja gewissermaßen beide gleich betroffen. Immer wieder wurden, sowohl von Rentnern als auch von Erstsemestern die damaligen Verluste an Land und Einwohnern beklagt und die willkürliche Grenzziehung als historische Ungerechtigkeit verurteilt. Immer wieder wurden unterwegs die ungarischen Minderheiten im Ausland bedauert und Siebenbürgen zum Hort originärer ungarischer Idylle verklärt.

Warum, so fragte ich mich oft, liegt dieses Thema so dicht unter der Oberfläche und bricht immer wieder durch? Bei vielen Ungarn scheint ihre Nationalgeschichte auch im individuellen Selbstverständnis wesentlich präsenter und identitätsstiftender zu sein, als ich mir das anfangs aus meiner deutschen Perspektive je vorstellen konnte. Besonders im gegenwärtigen Milleniumsrausch wird in Ungarn eine kollektive Identifikation über die Nationalgeschichte beschworen; unzählige Flaggen im Straßenbild zeugen davon. Viele nationale

Kontinuitäten und Traditionen des allgegenwärtigen „Stephansreiches" fanden allerdings mit dem Vertrag von Trianon ihren plötzlichen Abbruch. Trianon wurde damit zum Symbol einer angeblichen historischen Tragödie nationaler Demütigung.

Keinesfalls sind nun all die Ungarn, mit denen ich in Zugabteilen über Trianon diskutierte, reaktionär oder revanchistisch. Das Verhältnis zur eigenen Geschichte unterscheidet sich in Ungarn jedoch sehr von dem in Deutschland vorherrschenden Geschichtsverständnis. Nationale Identifikation, von der man sich in Deutschland aus der historischen Erfahrung heraus sehr distanziert hat, steht in Ungarn auf Grund seiner Nachkriegsgeschichte, die eher von ideologisch bestimmtem Internationalismus geprägt war, teilweise in einem anderen Kontext.

Bei meinen Zugfahrten in Ungarn werde ich sicher auch weiterhin mit Trianon konfrontiert werden, und bei diesen Gelegenheiten werde ich auch weiterhin die Ansicht vertreten, daß sich dieses Thema erledigt hat, und nur noch im Geschichtsunterricht von Bedeutung ist. Denn ich mag dieses Land. Neugierig warte ich darauf, welche Gesprächspartner mir in den ungarischen Zugabteilen noch begegnen werden …

Weißrußland

Uta Kronberger
Weißrussische Wasserwelten

Wer zu Wasser ein neutrales, emotionsloses Verhältnis hat, ist vermutlich noch nicht in Weißrußland gewesen. Wasser ist mehr als einfach nur eine transparente, farblose Flüssigkeit, wie wir sie aus dem Wasserhahn kennen. Wasser ist auch nicht nur eine aus Sauerstoff und Wasserstoff bestehende chemische Verbindung. Was die Religionsgeschichte anbelangt, so bezeichnet Wasser in vielen Kosmogonien den chaotischen Urzustand der Welt, sagt mein Lexikon. In Weißrußland scheint dieser Urzustand teilweise auch heute noch fortzudauern.

Wasser läßt sich hier in allen Farben, Gerüchen, Mischungen und Aggregatzuständen finden. In den wenigsten Fällen ist es transparent und farblos, es weist vielmehr die gesamte Palette der Erdfarben auf. Auch der Olfaktorius kommt bei den mannigfaltigen Gerüchen des Wassers auf seine Kosten: schwefeliger Fäulnisgeruch, beißender Uringeruch, erdiger Rostgeruch, hochprozentiger Alkoholgeruch – alles, was die Nase lieber entbehrt.

Besonders geschätzt wird hier die Diminutivform von Wasser: das „Wässerchen", besser bekannt unter der Bezeichnung „Wodka", wobei dessen Beliebtheit weniger dem Wasseranteil als vielmehr den mindestens 40 Volumenprozent Alkohol zuzuschreiben ist. Das „Wässerchen" bekommt man zu jeder Tages- und Nachtzeit, man bekommt es überall, in Halbliter-Flaschen, in Joghurtbechern für den kleinen Durst zwischendurch und in 50-, besser 100-Gramm-Einheiten im Glas, je nach Bedarf und Geldbeutel. Wobei im Gegensatz zu anderen alltäglich notwendigen Artikeln für Wodka immer irgendwo Geld aufgetrieben werden kann. Einen Anlaß zum Verzehr von 100 Gramm braucht man nicht lange zu suchen. Juckt etwa die Nase, ist die Laune gut oder schlecht, hat vielleicht Frau, Tochter, Hund, Katze oder die Nachbarin Nachwuchs bekommen, wurde der Monatsmitte- oder der Monatsendlohn oder eine Präsidentenprämie ausgezahlt, ist Frauen-, Sieges-, Verfassungs- oder sonst ein Tag, fühlt man sich noch unpäßlich vom Wodka-Genuß am Abend zuvor, kurz: Alles will begossen sein.

Will man normales Wasser, also Mineralwasser, kaufen, muß man es deklinieren können. Wasser einfach so, das heißt das Element Wasser, kann man im Akkusativ Singular haben. Bekommt man eine rüde Antwort im Genitiv Singular zurückgeschleudert, hat alles Deklinieren keinen Zweck, denn dann gibt es keines. Will man Wasser flaschenweise erwerben, so kann man eine Flasche im Akkusativ Singular und das darin befindliche Wasser dazu im Genitiv Singular bekommen. Zwei bis vier Flaschen kauft man dann im Genitiv Singular, das darin befindliche Wasser ebenfalls. Bei fünf oder mehr Flaschen wird es komplizierter: Die Flaschen gibt es nur im Genitiv Plural, das, worauf es aber eigentlich ankommt, das Mineralwasser nämlich, bleibt standhaft im Genitiv Singular. Am besten, man geht für jedes Wasser extra.

Für das weißrussische Klima ist Wasser ein nicht wegzudenkendes Element. Laut Lexikon zeichnet sich das hiesige Klima durch relativ milde (kann ich nicht bestätigen), feuchte (kann ich bestätigen) Winter und kühle regnerische (kann ich ebenfalls bestätigen) Sommer aus. Einen Großteil des Jahres trifft man Wasser hier in Form von Schnee und Schneematsch, Eis, Eisblumen und Eiszapfen an.

Schnee hat den Vorteil, daß er von November/Dezember bis März/April einen weißen Schleier auf die Stadt legt und damit vor allem Schmutz und Baufälligkeit verdeckt. Er nimmt etwas von der Hektik und verschluckt den Lärm der Stadt. Den Nachthimmel färbt er dunkelviolett, und tagsüber sieht es bei Sonnenschein so aus, als wäre die Stadt mit einem Brillantteppich ausgelegt. Bei schlechtem Wetter schneit es waagerecht, denn die steife Brise, die oft über die westlichste der ehemaligen Sowjetrepubliken fegt, wird dann zum einem eisigen Ostwind, der in den Tagen, die er schon über russisch verschneites Gebiet streicht, Temperaturen wie aus der Kühltruhe erreicht hat.

Eis lädt ein zum Schlittschuhlaufen. Die Jungs spielen natürlich lieber Eishockey (und zwar so gut, daß man die Deutschen 1998 zweimal besiegen konnte). Den Fischern bietet das Eis die Möglichkeit, mitten auf dem Fluß oder See zu angeln, indem sie sich ein Loch ins Eis hacken und dann mit dem Rücken gegen den schneidenden Wind auf einem improvisierten Hocker sitzend geduldig auf Beute warten. Als Oberleitungsbelag bringt Eis die Trolleybusse aus der Fassung, als kulinarischer Leckerbissen ist es merkwürdigerweise gerade in der kalten Jahreszeit besonders beliebt.

Eisblumen an Fenstern haben etwas Romantisches, sie machen es aber unmöglich, sich in öffentlichen Verkehrsmitteln zu orientieren, da man in der Regel die Lautsprecheransagen nicht versteht und deshalb die angestrebte Haltestelle verpaßt.

Eiszapfen können, wenn sie von Dachrinnen stürzen, lebensgefährlich sein, oder lebensrettend, wenn man sie bei Wasserausfall einschmilzt, um sich mit einem heißen Teeaufguß die Kälte aus den Gliedern zu treiben.

Während in „Europa", wie hierzulande alle westlich

von Weißrußland gelegenen Länder genannt werden, noch der Herbst in allen Farben leuchtet, setzt hier im Oktober/November die Schneematschphase ein. Sie ist lediglich ein Vorbote des Winters, aber als solcher ein höchst unangenehmer Zeitgenosse, denn die meisten Tage sind grau, kalt und feucht. Die zentral gesteuerte Fernheizung wird – ungeachtet der Außen- und Innentemperaturen – erst eingeschaltet, wenn von oberster Stelle ein Ukas gegeben wird.

Ähnliches gilt für die Schneematschphase im April, in der der Winter langsam und unwillig Abschied nimmt, um endlich, ach endlich dem Frühling Platz zu machen. Auch hier gilt: Die zentral gesteuerte Fernheizung wird – ungeachtet der Außen- und Innentemperaturen – bereits abgeschaltet, wenn von oberster Stelle ein Ukas gegeben worden ist. In den Schneematschphasen sollte man sich vielschichtig kleiden und in geschlossenen Räumen regelmäßig Aufwärmübungen machen.

Wasser kommt hierzulande aber bei weitem nicht nur vom Himmel oder aus dem Wasserhahn. Aus letzterem eigentlich eher selten.

Flüssiges Wasser kommt oft, ob heiß oder kalt, in Fontänen aus der Erde geschossen. Wer jetzt an Geysire denkt, liegt falsch: In diesen Fällen handelt es sich vielmehr um Rohrbrüche, die jedoch niemanden beunruhigen und dementsprechend auch erst nach einigen Tagen, wenn nicht Wochen, behoben werden. Da zum Flicken der Rohre keine geeigneten Materialien erhältlich und die Rohre insgesamt schadhaft sind, oder einfach weil Arbeitsplätze erhalten werden müssen, treten solche Fontänen an bestimmten Stellen auch mehrmals im Jahr auf. Das macht die Situation nicht besser, sondern schlechter, aber man gewöhnt sich daran, daß schlechter eigentlich immer noch ganz gut ist.

Wasser verbindet, führt Völker zusammen. Es ermöglicht dem Fremden Einblick in die Lebensgewohnheiten der Einheimischen. In Weißrußland lernt man durch das Wasser in jedem Falle seine oberen und unteren Nachbarn sowie deren Wohnungen kennen, denn das Naß kommt häufig durch Zimmerdecken, wenn zum Beispiel in einem der oberen Stockwerke jemand duscht und nicht daran gedacht hat, ab und zu seinen Abfluß reinigen zu lassen. Wasser bahnt sich seinen Weg durch Hausdächer, so daß man, wenn man in der obersten Etage wohnt, allzeit darauf gefaßt sein muß, Hausmantel und -pantoffeln gegen Regencape und Gummistiefel eintauschen zu müssen. Wasser tropft durch Busdächer, was den Fahrer aber unter Umständen weniger stört, wenn ein Vorhang mit bunten Palmen und der Aufschrift „Tropicana" seine Fahrerkabine vor den mißmutigen Blicken der begossenen Fahrgäste abschirmt. Wasser kommt in heftigem Strahl von der Seite, wenn man verträumt durch die Straßen läuft, anstatt stets wachen Auges Ausschau nach Sprengwagen zu halten, die – sobald es einmal nicht regnet oder schneit – die Straßen reinigen.

Wasser wird mitten in der Hauptstadt aus Brunnen gepumpt, denn es ist weder in den langen Jahren des Kommunismus noch später in den Jahren der Unabhängigkeit gelungen, die zahlreichen Holzhäuschen mitten im Stadtzentrum mit Wasserleitungen und Kanalisation zu versorgen.

Da Straßen und Wege abseits der Hauptstraßen auch mitten in der Stadt schlecht, uneben oder gar nicht asphaltiert sind, vermengt sich Wasser mit Erde zu großen, schlammigen Pfützen, so daß man gezwungen ist, sich im Riesenslalom zu üben.

Ob absichtlich einen Tag vor der großen Wasserpause an der Universität der „Tag der Gesundheit" durchgeführt wird, an dem sich alle Studenten zunächst irgendwie sportlich betätigen und dann gründlich reinigen sollten, ist unklar. Dem hiesigen Wassermanagement sind alle Mittel zuzutrauen. Ob der „Tag des Wissens", der 1. September, das heißt also der Beginn des neuen Studienjahres, immer ohne Wasser begangen wird oder ob es sich diesmal lediglich um eine technische Panne handelte, ist ebenfalls unklar. Die Studenten sind Herr der Lage, greifen einfach zu mehr Spray, Parfüm, Make-up und ähnlichem. Die Wasserabsenz läßt sie völlig kalt. Auch wenn Wasser da ist, bewegt das die Gemüter nicht sonderlich. Wasser ist kostenlos oder so gut wie. Klingelt das Telefon, während man gerade unter satt fließendem Wasserstrahl abwäscht, bleibt der Hahn voll aufgedreht, bis das Gespräch in aller Ruhe beendet ist. Auf Tropfen oder Rinnen ist keinerlei Reaktion zu erwarten. Solche Entspanntheit wünschte man manchem gestreßten Mitteleuropäer.

Wasser kommt von oben, von unten, von der Seite, von vorn und von hinten. Wasser ist immer gerade da, wo man es nicht erwartet, wo es fehl am Platze ist, und es fehlt an dem Platze, wie zum Possen, wo es dringend benötigt wird. Wenn Wasser da ist, ist es meist brühend heiß oder eiskalt, daher sollte man sich zum einen einen Tauchsieder, mit dem man gletscherkaltes Wasser erwärmen, und zum anderen einen Eimer zulegen, in dem heißes Wasser abkühlen kann. Wer zufällig eine goldene Mitteltemperatur erwischen oder mischen kann, darf sich beglückwünschen, sollte sofort alle Termine absagen und statt dessen wohltemperiert duschen, Haare, Wäsche und ähnliches waschen und den Glücksmoment mit einem „Wässerchen" begießen. Im Sommer wird prinzipiell für einen unbestimmten Zeitraum das heiße Wasser abgestellt – prophylaktisch, heißt es, und um die

Wasserleitungen zu reparieren, jedes Jahr aufs neue! Als Deutsche sind wir in dieser Hinsicht natürlich extrem verwöhnt, wenn man bedenkt, daß sich bei uns die Stadtwerke Wochen im voraus ankündigen mit der Information, wann und wie lange das Wasser abgestellt werden muß; ebenso bei Strom oder Gas. Das alles setzt Planung voraus.

Meine Studenten fanden es höchst albern, daß in Deutschland wegen solcher Lappalien ein solches Trara gemacht wird – andere Länder, ganz andere Sitten!

Autoren

Lorraine-Jeanette Albert, geboren 1972 in Detmold, hat Slawistik, Baltistik und Wirtschaftspolitik studiert. 1997/98 war sie Sprachlektorin in Vilnius/Wilna (Litauen).

Lenore Becks wurde 1968 in Halle/ Westfalen geboren. Sie hat Slawistik, Komparatistik, Wirtschaftswissenschaften und Neuere Deutsche Literatur studiert. Als Sprachlektorin war sie 1997–1999 in Luzk (Ukraine).

Rut Brücher wurde 1970 in Köln geboren. Sie hat Germanistik, Theologie und Politik studiert. 1997/98 war sie als Sprachlektorin in Kaunas (Litauen) tätig.

Jürgen Buch wurde 1972 in Kirn geboren, studierte Publizistik, Slawistik und Soziologie und hatte ein Sprachlektorat in Wilna/ Vilnius (Litauen) von 1997–1999 inne.

Corinna Dommes, geboren 1967 in Wittingen, hat Neuere Deutsche Literatur und Medien, Französisch und Spanisch studiert. Als Sprachlektorin war sie 1998/99 in Györ/ Raab (Ungarn).

Sandra Ewers wurde 1969 in Neumünster geboren. Sie studierte u. a. Slawistik, Osteuropastudien und Politologie. Von 1997 bis 1999 arbeitete sie als Sprachlektorin in Bydgoszcz/ Bromberg (Polen)

Heike Fahrun, geboren 1970 in Berlin, hat Germanistik, Kunstgeschichte und vergleichende Literaturwissenschaft studiert und war von 1998 bis 2000 in Wrocław/ Breslau (Polen) Sprachlektorin.

Ellen Gaus, geboren 1971 in Hildesheim, ist Diplomübersetzerin für Russisch/ Französisch und war von 1998 bis 2000 in Donezk (Ukraine) Sprachlektorin.

Hans-Joachim Hahn, geboren 1967 in Kirchheim/Teck, hat Germanistik, Philosophie und Deutsch als Fremdsprache studiert und arbeitete als Sprachlektor 1998/99 in Kielce (Polen).

Nicole Hirschler-Horáková wurde 1969 in Ingelheim geboren. Sie hat Neuere Geschichte, Slawische Literaturwissenschaft und Erziehungswissenschaft studiert. Als Sprachlektorin war sie 1997 und 1998 in Olomouc/ Olmütz (Tschechien) tätig.

Angela Hohlfeldt, geboren 1971 in Dresden, studierte Russistik, Anglistik, Amerikanistik und Deutsch als Fremdsprache. Von 1998 bis 2000 war sie Sprachlektorin in Klaipėda/Memel (Litauen).

Anke Huckauf, Jahrgang 1967, kommt aus Siegen-Weidenau. Studiert hat sie Psychologie, BWL und Germanistik. Als Fachlektorin war sie 1998/99 in Gdansk/Danzig (Polen) tätig.

Elisabeth Kallenbach, geboren 1967 in Bergisch-Gladbach, studierte Ethnologie, Germanistik und Italienisch. Sie war Sprachlektorin in Nitra/Neutra (Slowakei) von 1996 bis 1998.

Ralf Kirmse, Jahrgang 1966, kommt aus Jena. Er studierte Germanistische Linguistik, Literaturwissenschaft und Psychologie. Von 1998 bis 2000 war er Sprachlektor in Szeged/Szegedin (Ungarn).

Uta Kronberger wurde 1967 in Ludwigshafen geboren. Sie studierte Übersetzen Russisch/Italienisch. Als Sprachlektorin war sie von 1996 bis 1998 in Minsk (Weißrußland).

Markus Lux, Jahrgang 1969, kommt aus Wiesbaden. Er studierte Mittlere, Neue und Alte Geschichte und Politikwissenschaft. Als Sprach- und Fachlektor war er von 1996 bis 1999 in Riga (Lettland) tätig.

Martina März wurde 1970 in Wien geboren, studierte Deutsche Philologie, Anglistik, Amerikanistik und Psychologie/Pädagogik/Pilosophie. Von 1996 bis 1998 war sie Sprachlektorin in Györ/Raab (Ungarn).

Thorsten Meyer wurde 1970 in Korbach geboren. Studiert hat er Anglistik, Neuere Geschichte, Deutsch als Fremdsprache und Sprachwissenschaft. 1998/99 war er als Sprachlektor in Veszprém (Ungarn) tätig.

Ina Mleinek, Jahrgang 1971, geboren in Riesa, studierte Ostslawistik, Bohemistik/Slowakistik und Informatik. Sie war 1997/98 Sprachlektorin in Saporoshie (Ukraine).

Anke Pätsch wurde 1970 in Brandenburg geboren. Studiert hat sie Germanistik, Editionswissenschaften und Osteuropastudien und arbeitete 1997/98 als Sprachlektorin in Banska-Bystrica/Neusohl (Slowakei).

Birgit Roser, Jahrgang 1972, kommt aus Regensburg, hat Neuere Deutsche Literatur, Theaterwissenschaft und Politik studiert und ist seit 1998 Sprachlektorin in Bydgoszcz/Bromberg (Polen).

Felix Ruschke wurde 1969 in Heilbronn geboren. Er hat Slawistik und Anglistik studiert und arbeitete als Sprachlektor 1998/99 in Rezekne (Lettland).

Gereon Schuch, geboren 1970 in Koblenz, hat Biologie, Osteuropäische Geschichte, Deutsch als Fremdsprache und Rechtswissenschaften studiert. Er war von 1998 bis 2000 Fachlektor in Pécs/Fünfkirchen (Ungarn).

Katharina Stoll wurde 1966 in Hannover geboren. Sie studierte Deutsche Literaturwissenschaft, Politikwissenschaft und Sozialpsychologie. Sie war Sprachlektorin von 1997 bis 1999 in Sosnowiec/Sosnowitz (Polen).

Marianne Wilke, geboren 1968 in Braunschweig, studierte Germanistik, Deutsch als Fremdsprache, BWL und Marketing. Von 1997 bis 1999 war sie Sprachlektorin in Riga (Lettland).

Anne Witt wurde 1968 in Schwedt geboren. Sie hat Russisch, Englisch und Deutsch als Fremdsprache studiert. Seit 1998 ist sie Sprachlektorin in Tartu/Dorpat (Estland).

Ein Jahr nach Mittel- oder Osteuropa?

Die Robert Bosch Stiftung (www.bosch-stiftung.de) vergibt jährlich für fortgeschrittene Studierende und Absolventen sprach-, sozial- und geisteswissenschaftlicher Studiengänge bis zu 100 Stipendien für die Tätigkeit als Sprach- oder Fachlektor/in an Hochschulen und Kultureinrichtungen in Mittel- und Osteuropa. Die Lektoren erhalten damit die Chance, Erfahrungen in der Lehr- und Projektarbeit zu sammeln und die eigenen Sprach- und Fachkenntnisse zu erweitern.

Weitere Informationen
Universität Hohenheim/Osteuropazentrum
Lektorenprogramm der Robert Bosch Stiftung
D-70593 Stuttgart
E-mail: lektoren@uni-hohenheim.de
Internet: www.boschlektoren.de
Homepage der ehemaligen Boschlektoren:
www.mitost.de